Kripper Schriften

Band 6

Herausgegeben von Horst Krebs

Ein alter Nachen wird zu einem geschichtsträchtigen Symbol des Treidelortes Kripp am Rhein

Kripp 2021

Bibliografische Information der Deutschen Nationalbibliothek:
Die Deutsche Nationalbibliothek verzeichnet diese Publikation in der Deutschen
Nationalbibliografie; detaillierte bibliografische sind im Internet über
www.dnb.de abrufbar

Herstellung und Verlag: BoD – Books on Demand, Norderstedt

ISBN: 9783752644265

Originalausgabe:

1.Auflage 2021
Herausgeber: Horst Krebs
Autoren: Krebs, Weis/Funk, Bohrer

Datenschutz, Urheberrecht: Horst Krebs

Titelbild: Et Büüdsche 1951

Inhalt

Kripp zwischen 1949 - 1950

von Horst Krebs

Schaut man mal einige Jahrzehnte zurück und liest die Kripper Artikel in den Tageszeitungen, dann bekommt man ein gutes Bild über die Dinge, die ein Dorf einst so prägten. Der Startschuss meines Lebens geschah genau da, wo der Bericht hier beginnt. Schauen wir mal, was der General Anzeiger über unseren Ort zu berichten hatte.

Neuer Bürgerverein
Auf Anregung der Stadtverordneten soll der Bürgerverein neu gegründet werden. Der Verein hatte während seines Bestehens im Interesse des Ortes und seiner Bürger recht erfolgreich gearbeitet und sich dadurch sehr verdient gemacht.

General Anzeiger 20.Juli 1949

Frühlingsboten im Oktober
Auf einem am Rhein gelegenen Gartengrundstück pflückte eine Frau ein Sträußchen Maßliebchen, was für die augenblickliche Jahreszeit eine Seltenheit darstellt.

General Anzeiger 19. Oktober 1949

Unfall auf der Schultreppe
Auf der Schultreppe des Schulgebäudes rutschte ein zwölfjähriges Mädchen aus und zog sich einen Fußbruch zu.

General Anzeiger 19. Oktober 1949

Ausbesserungen vor der Pfarrkirche

Am Vorplatz der Pfarrkirche wurde vor dem Treppenaufgang der früher gelegene Eisenrost beseitigt. Der Übertritt über die Straßenrinne wurde mit einem neuen in Eisenkonstruktion gehaltenen Material versehen.

General Anzeiger 19. Oktober 1949

Theatersaison 1949/50

Die Spielgruppe des „Junggesellenvereins Freundschaftsbund" wird im Laufe dieses Monats mit dem Theaterstück „Der Förster vom Schwarzwald" die Saison 1949/50 eröffnen. Alle Mitglieder der Spielgruppe proben bereits eifrig. Das Programm der Spielsaison ist recht vielseitig und wechselt mit heiteren und ernsten Stücken.

General Anzeiger 19. Oktober 1949

Lebhafte Bautätigkeit

Nach und nach verschwinden die Kriegsschäden und überall wird alles wieder instandgesetzt. Der zweite Neuhausbau nach dem Kriege ist bald fertiggestellt. Ebenfalls schreiten die Wiederaufbauarbeiten an den an der Rheinstraße gelegenen und durch den Krieg schwer in Mitleidenschaft gezogenen beiden Wohnhäusern rüstig vorwärts. Durch die fortschreitenden Instandsetzungs- und Wiederaufbauarbeiten wird die schwierige Wohnungslage in Bad Kripp etwas erleichtert, was allerdings begrüßt wird.

General Anzeiger 22. Oktober 1949

Moderne Kurhauserrichtung

Die Kur- und Badeverwaltung der „Maria-Luisen Quelle" beginnt auf ihrem eigenen Gelände das dort befindliche Villengebäude, das augenblicklich noch Wohnzwecken dient, zu einemmodern eingerichteten Kurhaus umzugestalten und auszubauen. Die bisher bewohnten Räume werden zu Pensions- und Kurzwecken hergerichtet. In den unteren Räumen werden ein neuzeitlicher Wirtschaftsbetrieb, ein modernes Cafe und ein der Unterhaltung dienender Raum eröffnet. Diese wertvollen Neueinrichtungen werden zur weiteren Fremdenwerbung beitragen.

General Anzeiger 22. Oktober 1949

Feuerwehr in Kripp einsatzbereit

Ihr diesjähriges Stiftungsfest begann die Freiwillige Feuerwehr in aller Frühe mit einer Übung. Das feierliche Hochamt zelebrierte Pfarrer Dr. Wilhelm Keller, der in seiner Predigt die Verdienste der Wehr würdigte. Die Kranzniederlegung am Ehrenmal der Gefallenen folgte der traditionelle Frühschoppen. Nachmittags fand eine weitere Übung am Steigerturm mit allen zur Verfügung stehenden Feuerlöschgeräten statt. Der Tag klang aus mit einem Festball im Vereinslokal Hirzmann.

General Anzeiger 12.Juni 1950

Die große Wohnungsnot
In unserem Ortsteil hat sich die Wohnungsnot ebenfalls erheblich verschärft. Der Zuzug hat sich gegenüber früher erhöht und steht zu der Schaffung neuer Wohnungen in keinem Verhältnis. Durch die Flüchtlingszuweisung im gesamten Amtsbezirk ist mit einer weiteren Verschlechterung auf dem Wohnungssektor zu rechnen. Wohnungszuweisungen ohne Genehmigung der örtlichen Wohnungskommission sind nicht statthaft und werden als unberechtigte und nichtgenehmigte Wohnungsübernahmen rückgängig gemacht.

General Anzeiger 22. Oktober 1949

Wohnungsbauabgabe
In den nächsten Tagen werden die ersten Bescheide zur Wohnungsbauabgabe bei den Wohnungs Nutzungsberechtigten eintreffen. Es wurde festgestellt, daß immer noch ein Teil ihre vor kurzem erhaltenen Fragebogen zur Wohnungsbauabgabe nicht ausgefüllt und beim Bürger-meisteramt in Remagen abgegeben haben. Die Säumigen haben mit einer empfindlichen Strafe zu rechnen.

General Anzeiger 22. Oktober 1949

Bodennutzungserhebung
Bei allen Landwirten und Gartenhausbesitzern findet eine Nacherhebung zur Bodenbenutzungserhebung statt. Sie soll bei allen Betriebsinhabern den Anbau landwirtschaftlicher Zwischenfrüchte und Futterpflanzen zur Samengewinnung (Ernte 1950) ermitteln und diese erweitert werden.

General Anzeiger 22. Oktober 1949

Sauna-Meisterschule in Kripp Vor einigen Monaten gründete der Präsident des Deutschen Saunabundes und Leiter der hiesigen Privat-Krankenanstalt, Dr. Karsten, der Gründer der ersten in Deutschland bekannt gewordenen finnischen Sauna, ist auch Leiter der Schule. In einem viertägigen Ausbildungslehrgang werden die Teilnehmer zu Sauna Meistern geschult. Überall, wo eine finnische Sauna nach dem Vorbild der in der Privat-Krankenanstalt Dr. Karsten seit vielen Jahren bestehende Sauna eröffnet wird, sollen die in der hiesigen Schule ausgebildeten Meister die Leitung und Überwachung übernehmen. Zu diesem Zweck werden die angehenden Saunameister in den Lehrgängen in allen Vorgängen, in der wissenschaftlichen Anwendung, den Methoden und einschlägigen Arbeiten unterrichtet und ausgebildet.
Für die Dauer der Ausbildung sind die Teilnehmer Gäste der Privat-Krankenanstalt Dr. Karsten, der als eine Kapazität der Saunawissenschaften gilt und hat verschiedene Lehrgänge in der neu errichteten Sauna-Meisterschule beendet. Die meisten Teilnehmer bestanden ihre Abschlußprüfung mit „Gut", einige sogar mit „Sehr gut". Eine Feier mit Vorträgen und musikalischen Darbietungen beendete den Lehrgang.

General Anzeiger 26. Oktober 1949

Holzbelag für den Brückensteg

Der an der Sinziger Eisenbahnbrücke angebrachte eiserne Brückensteg wird in nächster Zeit einen Belag erhalten. Die Stadtverwaltung Sinzig hat das notwendige Holz bereits eingekauft. Dieses wird nun verarbeitet und kommt dann zur Verlegung. Nach Fertigstellung des Brückensteges bleibt vor allem den in Sinzig beschäftigten Krippern der große Umweg über die Chausee erspart.

General Anzeiger 22. Oktober 1949

Blindgänger werden beseitigt

Die in unserer Gemarkung in unmittelbarer Nähe des Ortes festgestellten Blindgänger (Bomben und Granaten) werden in Kürze durch ein Sprengkommando entschärft und beseitigt.

General Anzeiger 22. Oktober 1949

Wieder Proviantboot

In den letzten Tagen hat das Proviantboot „Erin" auf dem Rhein in der Nähe von Kripp seinen Dienst wieder aufgenommen, womit ein lang ersehnter Wunsch der Rheinschiffer in Erfüllung gegangen ist. Vor allem stehen Obst und Gemüse in reicher Auswahl nebst anderen Genussartikeln zur Verfügung, auch wichtige Meldungen von Schiff zu Schiff werden schnellstens befördert.

General Anzeiger 22. August 1949

Diebesgut im Briefkasten

Diebe drangen nachts durch die Balkontür in das Anwesen eines Landwirts und stahlen aus dem im Zimmer stehenden Schreibtisch eine Geldkassette mit 240 DM. Ebenfalls in der Kassette befindliche Sparkassenbücher wurden dem Bestohlenem am anderen Morgen mit noch anderen wichtigen Papieren durch einen Postboten zugestellt. Der Beamte hatte die für ihn sonderliche Briefsendung im Briefkasten vorgefunden

General Anzeiger 6. September 1949

Herbstgäste in Bad Kripp

Kurz vor Schluß der Saison lebte der Fremdenverkehr in unserem Badeort wieder etwas auf. Beamte und Angestellte des Telegrafenamtes Düsseldorf besuchten den Badeort und verbrachten ebenso wie der Kegelklub aus Aachen einige schöne Stunden.

General Anzeiger 4. November 1949

Kripp ein gesundes Pflaster

Von 1200 Einwohnern sind 16 zusammen 1328 Jahre alt

Unser Ortsteil mit seinen 1200 Einwohnern ist ein recht gesundes Pflaster.16 Personen haben zusammen ein Alter von 1328 Jahren. Die älteste Einwohnerin ist 87 Jahre alt. Neun weibliche und sieben männliche sind über 80 Jahre alt. Blank Hermann, Rheinstraße, sowie seine Ehefrau, die vor Jahren ihre Goldene Hochzeit feierten, ist jeder 80 Jahre alt, ferner Witwe Engelbert Küpper, Hauptstraße und Witwe Wilhelm

Roos, Hauptstraße. Die Rentner Hermann Pflück, Hauptstraße und Johann Schefter, Römerstraße, sind 82 Jahre alt. Witwe Molitor, Hauptstraße,Johann Kalitzky, Batterieweg, Gertrud Gratzfeld, im Pfarrhaus,Rentner Jakob Weiler, Hauptstraße, stehen alle im Alter von 83 Jahren. Witwe Ludwig Müller, Hauptstraße, und Witwe Anna Palm, Hauptstraße, sind 84 Jahre alt. Rentner Josef Müller, der seinen Lebensabend in Remagen im St.Anna Kloster verbringt, zählt 85Jahre. Werkmeister i.R Peter Brenner, Sandweg, sowie Witwe Philipp Schreiber, Hauptstraße, 86 Jahre. Die zur Zeit älteste Einwohnerin, Witwe Julius Schitko, Mittelstraße, zählt 87 Lebensjahre. Die Zusammenstellung der ältesten in unserem Kurort noch lebenden Einwohner zeigt, daß Kripp noch eine beträchtliche Anzahl recht rüstiger Leute hat, die außerdem, was noch betont werden muß, ein recht reges Interesse am heutigen Zeitgeschehen zeigen und ein hohes Verhältnis gegenüber unserer Gesamteinwohnerzahl beweist.

General Anzeiger 4. November 1949

Große Pläne in Bad Kripp
Die auf dem Gelände der Kur- und Badeverwaltung stehende Wohnvilla soll zu einem modernen Kurhaus umgewandelt werden. Der neue Pächter der Anlagen, die „Maria-Luisen-Quelle", beabsichtigt, in der nächstjährigen Kursaison eine stärkere Fremden-währung durchzuführen. In unmittelbarer Nähe der Kur- und Badeanlagen soll eine Schiffsanlegestelle errichtet werden. Dadurch will man erreichen, dass die weißen Weberschiffe laufend auch Bad Kripp anlaufen. Die Kur- und Badeverwaltung will sich für diese Pläne einsetzen. Ebenso hat der kürzlich gegründete Bürger- und Verkehrsverein e.V, Bad Kripp, sich bereit erklärt, an der Verwirklichung der Pläne mitzuarbeiten.

General Anzeiger 4. November 1949

Keine Schulspeisung mehr
Die Schulkinderspeisung in den hiesigen Volksschulen wurde eingestellt.

General Anzeiger 4. November 1949

Die Ahrmündung hat wieder Wasser
Durch die letzten Regenfälle hat das völlig ausgetrocknete Mündungsgebiet der Ahr wieder Wasser. Durch die langanhaltende Trockenheit versickerte die Ahr etwa drei-hundert Meter oberhalb der Mündung und floss unterirdisch ab. Monatelang konnte man trockenen Fußes den Unterlauf der Ahr durchqueren. Dadurch erlitt der Fisch-bestand beträchtlichen Schaden

General Anzeiger 4. November 1949

Heimkehrer werden erwartet
In zwei Familien unseres Ortes herrscht große Freude. Sie erwarten ihre Lieben aus russischer Kriegsgefangenschaft zurück. W. Schmitz, Hauptstraße und Heinz Rick, Mittelstraße, die beide noch in einem deutschen Entlassungslager sind, werden in Kürze

hier eintreffen. Damit sinkt die Zahl der noch in russischer Kriegsgefangenschaft befindlichen Männer aus Bad Kripp auf sieben.

General Anzeiger 4. November 1949

Erntedank der Bevölkerung

Eine erhebende Feierstunde erlebte die katholische Pfarrgemeinde am Erntedanktag in der Pfarrkirche. Auf einem Gabentisch vor dem Hochaltar waren die Feld- und Gartenfrüchte aufgestellt. Die Jugend bildete Spalier, und mit ihren Lobsprüchen dankten sie dem Herrgott für den diesjährigen reichen Erntesegen. Pfarrer Dr. Wilhelm Keller segnete die Früchte des Feldes.

General Anzeiger 5. Oktober 1949

Vorsicht Fliegerbomben

In der Gemarkung Kripp wurden nicht explodierte Fliegerbomben und eine Anzahl Granaten gefunden. Eine Fliegerbombe liegt in unmittelbarer Nähe der Kripper Lederfabrik, eine weitere unweit der Mittelstraße, acht größere Artilleriegeschosse liegen in der Nähe der zerstörten Rheinbrücke.

General Anzeiger 5. Oktober 1949

Verbilligte Textilien

Der Ortsverband der Körperbehinderten Remagen in Verbindung mit der hiesigen Ortsstelle des Bundes der Körperbehinderten startete im Gasthaus Kessel in Remagen eine Verbilligungsaktion für Körperbehinderte. Eine Firma bot ihre Textilien zu günstigen und annehmbaren Preisen an.

General Anzeiger 13. Oktober 1949

Das Bettlerunwesen nimmt zu

Das Bettlerunwesen macht sich von Tag zu Tag stärker bemerkbar. Mit allerhand Krimskram und wertlosem Zeug werden die Bewohner von Hausierern und Bettler belästigt,so dass diese gezwungen sind, die Haustüren tagsüber ständig geschlossen zu halten.

General Anzeiger 13. Oktober 1949

Die Kripper „Möhne"

Die „Möhne-Gesellschaft" plant, auch in der kommenden Karnevalssaison wieder in alter Frische an die Öffentlichkeit zu treten. In allen Orten unserer näheren und weiterer Umgebung feierten die „Möhnen" im Vorjahr den „Fastelovend" in rheinischer Freude und frohem Mummenschanz.

General Anzeiger 27. Oktober 1949

Ein schlechtes Straßenstück

Die Mittelstraße von der Hauptstraße in Richtung Remagen ist mit einem brüchig gewordenen Teerbelag derart schlecht, dass man sie kaum noch befahren oder begehen kann.

General Anzeiger 27. Oktober 1949

Neuaufbau des Strandbades
Ein hiesiger Gewerbetreibender beabsichtigt das zerstörte, in der Gemarkung Sinzig liegende Strandbad am Rhein neu aufzubauen, und dort einen Wirtschaftsbetrieb zu errichten. Gleichzeitig will er eine Fähre vom Strandbad Sinzig nach Leubsdorf einrichten.

General Anzeiger 3. November 1949

Kirchenchor gibt Konzert
Der Kripper Kirchenchor „Cäcilia" wird unter seinem Dirigenten Heinz Ueberbach in Kürze mit einem Gesangs- und Instrumentalkonzert aufwarten.

General Anzeiger 18. November 1949

Verlosung des Borromäusvereins
Die Verlosung des Borromäusvereins brachte wertvolle Bücher und Gegenstände des täglichen Gebrauchs. Der Erlös ist zur Beschallung neuer Bücher für die Bibliothek bestimmt. Folgende Losnummern wurden gezogen: 85, 111, 105, 36, 45, 59, 11,103, 83, 61, 23, 35, 36

General Anzeiger 19. November 1949

Ortssprengel der Heimatvertriebenen
Die in den Bund der deutschen Heimatvertriebenen mit dem Hauptsitz Mayen eingetretenen Mitglieder unseres Ortes haben sich zu einem Ortssprengel zusammengeschlossen. In allen Fragen des Heimatvertrieben ist Herr Hermann Finck, Bad Kripp, *(danach unleserlich)*

General Anzeiger 22. November 1949

Nach dem Schauspiel zwei Lustspiele
Die Spielgruppe des Junggesellenvereins „Freundschaftsbund" wird in Kürze im Saalbau des Vereinslokals „Rhein-Ahr" zwei Lustspiele aufführen. Der genaue Termin der Veranstaltungen wird frühzeitig bekanntgegeben.

General Anzeiger 22. November 1949

Aufstellen von Grabdenkmälern
Die Friedhofsverwaltung gibt zur Kenntnis, daß das Aufstellen von Grabdenkmälern auf den Gräbern des Friedhofes anmeldepflichtig ist und der Genehmigung der Verwaltung bedarf.

General Anzeiger 22. November 1949

Errichtung einer Transformatorenstation

Auf dem Fabrikgelände der Möbelfabrik Friedrich Atzenroth errichtet das RWE eine Transformatorenstation. Durch sie können alle Haushalte demnächst mit einer besseren Stromzufuhr rechnen.

General Anzeiger 30. November 1949

Viehzählung in Kripp

Am 3. Dezember findet die diesjährige Viehzählung statt. Sie umfasst alle Haustiere einschließlich Bienenstöcke sowie zahme Kaninchen. Mit dieser Zählung ist die Erhebung der Aussaatflächen von Wintergetreide im Dezember 1949 verbunden.

General Anzeiger 01. Dezember 1949

Es wird Weihnachten

Wie im Vorjahr wird auch in diesem Jahr wieder der Weihnachtsbaum auf dem Marktplatz erstrahlen. Er wurde bereits aufgestellt und wird in den nächsten Tagen mit elektrischer Beleuchtung versehen

General Anzeiger 03. Dezember 1949

Kirchenfenster wiederhergestellt

Das letzte der beiden an der Pfarrkirche nach der Nordseite liegenden, in gotischem Stil erbauten Kirchenfenster, wird nun in Ordnung gebracht. Handwerker setzen die Ornamente, die durch Kriegseinwirkung in Mitleidenschaft gezogen wurden, ein.

General Anzeiger 03. Dezember 1949

Besitzerwechsel durch Pacht

Das in der Nähe der Rheinfähre gelegene Hotel-Restaurant „Zum Fährhaus" wechselte durch Pacht seinen bisherigen Inhaber. In Zukunft trägt das Haus die Bezeichnung „Zum Fährhaus-Aquarium". Die vor dem Gebäude befindliche Terrasse soll für die kommende Saison erweitert werden.

General Anzeiger 03. Dezember 1949

Schuhaustausch in Bad Kripp

Die NS Frauenschaft Deutsches Frauenwerk Kripp hat im Parteiheim eine Schuhaustauschstelle eingerichtet. Jeden Montagnachmittag von 4 bis 5 Uhr wird den Volksgenossen Gelegenheit gegeben die Schuhe sich auszutauschen

General Anzeiger 22. September 1944

Renovierung des Kurhauses

Mit den Innenarbeiten am neuen Kurhaus ist wieder begonnen worden. An seiner Südseite wurde ein kleiner Anbau fertiggestellt, der später einem größeren Flügelanbau Platz machen wird. Die Arbeiten sollen bis zur Saisoneröffnung beendet sein. Vor dem Hause wird noch eine Terasse angelegt. *General Anzeiger 04. März 1950*

Interessantes Skatturnier
Im Hotel-Restaurant „Fährhaus-Aquarium" wurde ein Skatturnier ausgetragen. Bei reger Beteiligung der Kripper Skatbrüder wurden interessante und spannende Spiele ausgetragen.
Die höchste Punktpluszahl erreichte Anton Becker, Mittelstraße. Den zweiten Preis erhielt Friseurmeister Anton Becker, Weinbergstraße, den dritten Preis Heinrich Schäfer, Batterieweg. Vierter wurde H.Heinzges, Römerstraße.

General Anzeiger 11. März 1950

Volksmission in der Pfarrgemeinde
In der katholischen Pfarrgemeinde findet vom 18-März bis 3.April eine Volksmission statt. Zeitgemäße Fragen werden von lebenserfahrenen Missionaren des Pallotiner Ordens behandelt. Espredigen die Patres Alfons Bretz und Leo (Hang). Die Volksmission steht unter dem Leitgedanken:" Wo ein guter Wille ist, ist immer ein guter Weg! Dem Tapferen hilft Gott!". Jugendliche vom 14. Lebensjahr an besuchen die Predigten für Erwachsene. Für die jüngeren Kinder finden Sondervorträge statt.

General Anzeiger 15. März 1950

18 neu e ABC Schützen angemeldet
Zum Schuljahrgang 1950,das mit dem 1.April beginnt, wurden 18 ABC Schützen

General Anzeiger 18. März 1950

Siedlungsland in Parzellen aufgeteilt
Das von der Stadtverwaltung Remagen für Siedlungs- und Wohnungsbauzwecke angekaufte Gelände and der Haupt- und Voßstraße, wird nun in Einzelparzellen aufgeteilt und als Gartenland verpachtet, da vorläufig finanzielle Mittel für die Durchführung des Siedlungsprogramms des gemeinnützigen Siedlungswerkes noch nicht zur Verfügung stehen.

General Anzeiger 18. März 1950

Die Rheinfähre auf der Werft
Die große Wagenfähre wurde nun mit einem Boot zur Werft geschleppt, um hier ihrer Vervollständigung entgegen zu sehen. Es wird ein zweiter Motor eingebaut und eine Kommando-brücke. Diese Arbeiten werden voraussichtlich drei bis vier Wochen dauern.

General Anzeiger 18. März 1950

Erstkommunikanten
Im Ortsteil Kripp gehen 17 Mädchen und 17 Jungen zur ersten hl. Kommunion. Auch hier werden,wie bereits berichtet,an bedürftige Erstkommunikanten einmalige Beihilfen aus städtischen Mitteln gezahlt.

General Anzeiger 18. März 1950

Am 1. Mai Kurhauseröffnung
In der Villa Werner, die bekanntlich zum Kurhaus bestimmt ist und zu diesem Zwecke hergerichtet ist, sollen die Arbeiten bis zum 1. Mai fertiggestellt werden. Bauhandwerker, Installateure, Heizungsmonteure, Schreiner und Anstreicher beeilen sich, das Haus zum festlichen Empfang übergeben zu können.

General Anzeiger 18. März 1950

Kripp ehrte seine Gefallenen
Eine ergreifende Gedenkstunde im Rahmen der Volksmission.
Die Einkehrwochen der Volksmission werden von der Pfarrgemeinde mit großer Anteilnahme miterlebt. Besonders ergreifend war eine Gedenkstunde in der Pfarrkirche für die Gefallenen und die Opfer des schweren Bombenangriffs vom Februar 1945. Mit dem Gesang verschiedener Chöre klang die Gedenkfeier aus.

General Anzeiger 31. März 1950

Auffanglager für Flüchtlinge
Die Organisation „Brüder in Not" plant im Kripper Jugendheim ein Auffanglager einzurichten, in dem Flüchtlinge nach Durchlaufen der Flüchtlingslager solange Aufnahme und Betreuung finden sollen, bis sie wohnungsmäßig im Lande „Rheinland Pfalz" untergebracht und in eine lohnbringende Beschäftigung vermittelt werden können.

General Anzeiger 31. März 1950

Gräber- und Altertumsfunde anmelden
Die Amtsverwaltung weist darauf hin, dass Gräber- und Altertumsfunde auf dem Rathaus in Remagen anzumelden sind. Nichtbefolgung der Anmeldepflicht wird bestraft.

General Anzeiger 25. April 1950

Junggesellen erhielten 1. Preis
Auf dem Junggesellenfest in Dattenberg bei Linz erhielten die Bad Kripper Junggesellen, der „Junggesellenverein Freundschaftsbund" den 1.Preis. Von den dort anwesenden 12 Vereinen hatte der Bad Kripper Verein die größte Beteiligungsanzahl seiner Mitglieder vorzuweisen.

General Anzeiger 7.Juni 1950

Zeltlager der St. Georgspfadfinder
Der Bund der St. Georgs-Pfadfinder errichtet auf dem Sportgelände des Jugend-heims, am kommenden Samstag und Sonntag ein großes Zeltlager. An diesen beiden Tagen findet ein Treffen aus allen Gebieten des Landes Rheinland-Pfalz statt, zu dem ungefähr 150-200 Teilnehmer erwartet werden.

General Anzeiger 7.Juni 1950

Vom Bürger- und Verkehrsverein
Der Vorstand des Bürger- und Verkehrsverein hatte die Gaststätten- und Pensions-inhaber zu einer wichtigen Besprechung ins Cafe Valentin eingeladen. Der Vorsitzende des BVV, Kurdirektor Walter Werner, erläuterte verschiedene wichtige Fragen des Fremdenverkehrsgewerbes. Besondere Aufmerksamkeit wurde den Werbemaßnahmen und der Verschönerung des Ortsschildes gewidmet.

General Anzeiger 17.Juni 1950

Fremdenzimmer sollen gemeldet werden
Der Bürger- und Verkehrsverein lud die Gaststätteninhaber ins Cafe Valentin zu einer Zusammenkunft ein. Es wurde über die Unterbringung der Fremden eine lebhafte Unterhaltung geführt. Man kam zu dem Schluss, alle Bürger, die geeignete Fremden-zimmer haben und diese zur Verfügung stellen können diese zu bitten, die Zimmer dem Vorstand zu melden.

General Anzeiger 29.Juni 1950

Von der Leiter gefallen
Ein Gastwirt aus Bad Kripp, der auf einem Nachbargrundstück Kirschen pflückte, stürzte von der Leiter, als plötzlich eine Sprosse brach. Schwere innere Verletzungen machten eine sofortige Überführung in das Remagener Krankenhaus für notwendig.

General Anzeiger 5.Juni 1950

Pachtung fiskalischem Geländes
Der Bürger- und Verkehrsverein beabsichtigt, ein fiskalisches Gelände am Rhein in Pacht zu nehmen, um die Rheinanlagen zu erweitern und zu verbessern. Die Direktion der Wasserstraßenverwaltung teilte mit, dass eine anderweitige Verfügung über das in Pacht zu nehmende Gelände besteht.

General Anzeiger 15.Juni 1950

Dachziegelfabrikation lädt ein
Die seit Jahren stillliegende Dampfziegelei wird in Kürze wieder in Betrieb genommen
General Anzeiger 19.Juni 1950

94. Stiftungsfest der Junggesellen
Am 13.August feierte der Junggesellenverein Freundschaftsbund sein 94. Stiftungsfest, zu dem viele auswärtigen Vereine geladen wurden. Der Junggesellenverein will sich auch des Kinderfestes am Martinsabend annehmen.

General Anzeiger 5.August 1950

Kripp will sich von Remagen trennen

Stadtrat von Remagen schließt mit 43 310 DM Fehlbetrag - Enormer Steuerausfall.

Unter dem Vorsitz des Amtsbürgermeisters Firsching fanden sich die Stadtverordneten von Remagen gestern zu ihrer Januarsitzung im Rathaus zusammen. Der Vorsitzende leitete die Debatte mit grundlegenden Ausführungen über den Stadtetat des laufenden Rechnungsjahres ein, der mit einem Fehlbetrag von nahezu 43 310 DM abschließt. Dies hat seine Ursache in dem enormen Steuerausfall als Folge der Beschlagnahme von Hotels usw. Im weiteren Verlauf der Sitzung beherrschte das Bestreben des Ortsteiles Kripp, verwaltungsmäßig selbständig zu werden, das Interesse des Plenums. Die Annahme der Vertreter Kripps, die Verwirklichung ihres Gedankens werde für Kripp vorteilhaft sein, wurde zwar von verschiedenen Seiten stark in Frage gestellt, doch sahen die Fraktionssprecher keinen Grund, dem Wunsch der Kripper Bevölkerung entgegen zu treten. Es konnte jedoch in der Sitzung nicht geklärt werden, inwieweit diesem Verlangen Rechnung getragen werden kann. Wie hierzu mitgeteilt wurde, gibt es zur Zeit keine gesetzliche Handhabe,das Verlangen durchzuführen. Man schlug vor, zunächst mit der zuständigen Regierungsstelle Fühlung aufzunehmen, um so den Rechtsweg zu finden, der die Verwirklichung des Planes ermöglicht.

General Anzeiger 1950

Kriegsende 1918

von Willy Weis / Hildegard Funk

Rückzug deutscher Truppen durch Kripp.

Der 1. Weltkrieg endete als verlustreicher und erschöpfender Stellungskrieg an der Westfront, wobei die Stellungen manchmal nur eine Handgranatenwurfweite entfernt waren mit einem Waffenstillstandsabkommen am 11. November 1918, auf Grund der aussichtslosen militärischen Lage Deutschlands unter Anerkennung der militärischen Niederlage.

Der Nymbus der Deutschen Unbesiegbarkeit war nun dahin. Mit der Abdankung des Deutschen Kaisers Wilhelm II. am 9. November 1918 und seinem anschließenden immerwährenden Thronverzicht am 28. gleichen Monats aus seinem holländischen Exil Doorn endete nach 503 Jahren die Hohenzollerndynastie und mit ihm als letzter Thronfolger der preußischen Königs- und deutscher Kaiserwürde die Monarchie in Deutschland.

Gemäß den am 11.11.1918 geschlossenen Waffenstillstandsbedingungen der Alliierten mit der deutschen Verhandlungsdelegation unter Leitung des Reichstagsabgeordneten Matthias Erzberger in einem Eisenbahncoupé im Wald von Compiegne in der französischen Picardie hatten sich die deutschen Truppen sofort aus den besetzten Gebieten Belgien, Frankreich und Luxemburg zurückzuziehen. Außerdem wurde das linke Rheinufer einschließlich der rechtsrheinischen Brückenköpfe bei Köln, Koblenz, Mainz und Kehl entmilitarisiert und musste bis zum 5. Dezember 1918 von deutschen Truppen geräumt sein, zusätzlich einer 50 km breiten entmilitarisierten rechtsrhei-nischen Zone, in der weder deutsche Wehrmacht noch militärische Befestigungsanlagen unterhalten werden durften.

November-Revolution

Für die Kripper brach nun politisch eine neue Zeit an, an die sie sich von nun an zu gewöhnen hatten. Es gab keinen Kaiser mehr! Die Bildung einer Räterepublik nach dem Kaiserreich vollzog sich im Kreisgebiet eher ruhig. Revolutionäre Exzesse wurden im Ahrkreis nicht bekannt. Die eher von der wilhelminischen Gesellschaftsprägung und der preußischen Tradition verhaftete Ortsbevölkerung standen der jungen Republik skeptisch gegenüber. Der Wunsch nach Frieden überwog dem revolutionärem Gedankengut. Die Aufgabe der gebildeten Räte bezog sich hier nur auf den geordneten militärischen Ablauf der Waffenstillstandsvereinbarungen.

Die aus dem Kriegsgebiet zurück flutenden niedergeschlagenen Truppenteile der deutschen Armee überfüllten ab der dritten Dekade im November 1918 die Straßen Kripps, um vereinbarungsgemäß im geordneten Rückzug - wenn auch die Verbände teils schon in völliger Auflösung begriffen - auf das rechte Rheinufer zurückzuweichen.

Die Moral der auf dem Rückzug befindlichen deutschen Truppen war voller Bitterkeit über die Kapitulation auf dem Tiefstpunkt angelangt. Während des Durchzuges scharten sich Kripper um Soldaten, die zu Schleuderpreisen noch vorhandene Restgegenstände von brauchbaren Wehrmachtsgut zur Aufbesserung ihres Soldes illegal feilboten. Sie wurden vor dem Übersetzen auf das rechte Rheinufer von der Kripper Bevölkerung auf den letzten Metern des linken Rheinufers mit Girlandenschmuck und Fahnen in Höhe der Villa Nagel verabschiedet.

Zurückweichende deutsche Truppen zum Uferwechsel in Kripp
Höhe der ehemaligen Villa Nagel.
Archiv Konrad Hacker

Laufende Einquartierungen der zurückziehenden deutschen Truppen nach dem Waffenstillstandsvertrag bestimmten vom 11.11. bis 3.12.1918 in Kripp den Tagesablauf. Der Schulunterricht wurde während dieser Zeit wegen Einquartierungen in den hiesigen Schulräumen zur Freude der Kinder eingestellt.

Die Quartiersentschädigungshöhe pro Tag betrug 1,46 Mark für Offiziere, 0,15 Mark für Mannschaften und 0,09 Mark für Pferde. Insgesamt waren 670,04 Mark an 73 Kripper Haushalte, davon 36 mit Pferdeunterkünften, von der Stadtkasse Remagen unter dem Titel II des Kriegsetats Art.2 für Quartierentschädigungen in Ausgabe zu stellen. Unter anderem auch der in Kripp wohnenden jüdischen Familie des Siegfried Cahn für die Einquartierung von Soldaten mit Pferden von insgesamt 6,63 Mark. 1)

Des weiteren wurden nochmals gemäß einer Nachtrags-Quartierliste in der Stadt-gemeinde Remagen-Kripp an Quartier-Entschädigungen für die abziehenden deutschen Truppen nach dem Waffenstillstand für den Zeitraum vom 13.11.1918 bis 3.12.1918 an die Kripper Schmitz, Karl Batterieweg 11 24,41 Mark, Huth, Wilhelm Haupt-str.1 18,90 Mark, Schneider, Matthias Hauptstr. 41 32,76 Mark, Palm, Michael 15,54 Mark, Breuer, Johann Rheinstr. 2 9,00 Mark, Konservenfabrik Nagel, Emil Rheinstr.1 (Offiziere) 166,88 Mark vergütet 2), wovon alleine auf die Volksschule Kripp 2271,01 Mark entfielen. 3)

Rückzug deutscher Truppenkontingente in Kripp, Höhe Rheinufer Villa Nagel, heute Quellenstr.1
Archiv Konrad Hacker

Des weiteren wurden nochmals gemäß einer Nachtrags-Quartierliste in der Stadtge-meinde Remagen-Kripp an Quartier-Entschädigungen für die abziehenden deutschen Truppen nach dem Waffenstillstand für den Zeitraum vom 13.11.1918 bis 3.12.1918 an die Kripper Schmitz, Karl Batterieweg 11 24,41 Mark, Huth, Wilhelm Haupt-str.1 18,90 Mark, Schneider, Matthias Hauptstr. 41 32,76 Mark, Palm, Michael 15,54 Mark, Breuer, Johann Rheinstr. 2 9,00 Mark, Konservenfabrik Nagel, Emil Rheinstr.1 (Offiziere) 166,88 Mark vergütet 2), wovon alleine auf die Volksschule Kripp 2271,01 Mark entfielen. 3)

Für die zurück flutenden demobilisierten deutschen Truppen von der Westfront wurde eigens mittels eines behelfsmäßigen Anlegers eine Notüberfahrt über den Rhein einge-richtet. Die letzten Feldgrauen waren am 4. Dezember in Kripp zu sehen. Dies war Bestandteil der Waffenstillstandsbedingungen der Alliierten.

Hierzuvermerkt der Kripper Bürger Valentin in seinem Tagebuch:

"Nach dem Waffenstillstand kamen zuerst die Flieger in östliche Richtung an Kripp vorbei, dann die Fuhrparkskolonnen immer mehr und mehr.

Die Straße stand voll von der Ponte (Fähre) bis an die Kirche, das hat sehr lange gedauert, eh die alle übergesetzt waren. Dazwischen kamen auch noch Fußtruppen, welche dann mit einem Köln-Düsseldorfer- Dampfer übergesetzt wurden. Bei der Gärtnerei Parkow (direkt an der Rheinallee) war eine Landebrücke hergestellt worden und von mehreren kleinen Schiffen Pontons zurechtgemacht worden, wo die Wagen drauf fuhren und dann mit einem Schrauber nach Linz gezogen wurden.(...) An der Remagener Brücke waren die Auffahrtsrampen noch nicht ganz fertig und wurde Tag und Nacht an derselben gearbeitet, bis sie soweit hergestellt waren, das Fuhrwerk, Attlerie, Kavalerie und Fußvolk noch rechtzeitig hinüber konnten. Unsere Truppen waren am 4. Dezb alle auf der östlichen Seite. Die Westfront war also planmäßig am 5. Dezb geräumt..." 4)

Mit der Freiheit hatte es nun ein Ende. Die ersten Besatzungstruppen hielten planmäßig am 5. Dezember 1918 Einzug in Kripp und verblieben wechselweise bis zum 1. Januar 1926.

Einen Tag später (6.Dez. 1918) erfolgt die Besetzung von Kripp durch US-Truppen. Hier Einquartierung im Gasthof Rhein-Ahr.

Quellen:

1. LHKO 635/ 593

2. LHKO 635/ 891

3.LHKO 635/ 891

Tagebuch des Gottfried Valentin, Kripp, S.31-32

Kripper Malaria

von Willy Weis / Hildegard Funk

Wie aus alten Karten ersichtlich wurde , verliefen die Mündungsarme der Ahr wild ohne eigentliches Flussbett unkontrolliert in den Rhein. Im unteren Mündungsbereich bis Sinzig mäandrierte das kleine Eifelflüsschen stark auf Grund ihres Gefällmangels, teils gegenläufig zur Flussrichtung fließend und hinterließ naturbezogen eine aus vielen Biotopen und Sümpfen bestehende Flussuferlandschaft, in der sich kleine Seen und Sümpfe bildeten.1)

Das Ahrmündungsdelta bei Kripp um 1800
Tranchot-Karte, Linz 5409, „©GeoBasis-DE/LvermGeoRP2011-12-07"

Neben seltenen Pflanzen bargen diese stehenden Gewässer auch Brutstätten für allerlei Mikroben und Tiere, insbesondere einer damaligen unbekannten giftigen Fliegenart. Vermutet wurde zu damaligen Zeiten, dass diese giftige Fliegenart und / oder der ausströmende Dunst der Sümpfe wohl die Ursache einer bösen, fast ausnahmslos hier auftretenden häufigen Krankheit sein könnte, deren Symptome mit Wechselfieber wie Sumpf-oder Tropenfieber bis kurz vor 1900 auftraten. 2)

Glaubt man den mündlichen Überlieferungen der Altvorderen, so wurden von dieser im Volksmund benannten Krankheit „Freese", wohl von frieren herrührend, fast ausschließlich Personen befallen, die sich im Ahrmündungsbereich aufgehalten hatten.

Hierzu wurde folgendes dokumentiert: „Gesund gingen unsere Leute zur Arbeit an oder über die Ahr, um dort urplötzlich von heftigem Schüttelfrost befallen zu werden, der dann in wenigen Minuten einer großen Hitze wich, um mit ihr bald wieder zu wechseln." 3)

Betroffene Bürger berichteten von einem über Wochen oft monatelangen andauernden Zustand der „quälenden Übelkeit, Mattigkeit in den Beinen, die sie zwang, sich ins Bett zu legen", die, wenn man einen Heißhunger oder großes Verlangen nach einer besonderen Speise gehabt und diese bekommen hätte, im gleichen Augenblick verschwunden sei. Man hätte sich diese Krankheit sprichwörtlich im wahrsten Sinne des Wortes regelrecht „abessen" können. 4)

Nach den erfolgten einbettigen Regulierungsarbeiten der Ahr und dem größtenteils zunehmenden Verschwinden der Sümpfe nach 1880 verschwand auch eigenartiger Weise die sogenannte Ahrmündungskrankheit "FREESE", über die man wegen den Fieberschüben im Volksmund ab der Kolonialzeit mit der spöttelnden Bemerkung „Kripper Malaria" witzelte. 5) Der richtige Name dieser damaligen Krankheits- erscheinung konnte nicht in Erfahrung gebracht werden.

Nachtrag:
In der Kreisstatistik 1860 von Ahrweiler finden wir hierzu unter "Sümpfe" noch folgenden Hinweis: "Sümpfe, wenn auch vom geringen Umfang und Tiefe, trifft man noch immer an der Unterahr in Umgebung eines Flusses. Außer dem Nachteil, dass dieselben Land und Cultur entziehen, äußern sie eine schädliche Wirkung auf den Gesundheitszustand, indem ihre Ausdünstungen die Entstehung der Intermittens begünstigen. Ihre Beseitigung (...) wodurch dann allmählich auch die Sümpfe mit ihren schädlichen Ausdünstungen gänzlich verschwinden". 6)

Des weiteren wird noch auf einen Beitrag "Moose des Ahrtales" von Ruprecht Düll hingewiesen, indem nachfolgender interessanter Hinweis vermerkt ist: "Das Delta der Ahrmündung und seine Nachbarschaft waren bis nach der Mitte des 19. Jahrhunderts regelmäßigen Überschwemmungen ausgesetzt und entsprechend versumpft. Damit waren sie ideale Brutplätze für die Malaria-Mücke (Anopheles). Als Folge waren sie bis nach der Mitte des 18. Jahrhunderts ständig wiederkehrenden Malariaepidemien ausgeliefert (GROMMES,G 1930). Bei langwährender Sommerwärme führte das regelmäßig auch zu Neuinfektionen". 7) Nach den Lehren Hippokrates von Kos dürften "MIASMEN" (u.a.giftige Ausdünstungen von Sümpfen, Insekten. etc.)als Ursache dieser Krankheit zu sehen sein. (Die Brutstätten keimübertragender Mücken als verantwortliche Miasmen wurden durch das Trockenlegen von Sümpfen beseitigt.)

Quellen:
1) Tranchot-Karte 1803-1820
2) mündl. Überlieferung Franz Breuer, Kripp+
3) Heimatkalender 1928, „Etwas von den ehemaligen Sümpfen an der Unterahr", J. Mies, S. 118-119
4) wie 3
5) mündliche Überlieferung Franz Breuer und Friedel Valentin, Kripp +
6) Kreisstatistik Ahrweiler 1860, S.4/5)
7) duell.kilu.de/Ahrtal/Ahrtalmoosflorakorr22 3 11.pdf

Erste eiserne Gierponte

von Alex Bohrer

Vorgeschichte:

Als Karl Benz 1886 das erste Motor betriebene Kraftfahrzeug erfand, konnte er noch nicht ahnen, was für Auswirkungen seine Erfindung auf die Geschichte und die Entwicklung der Fähren haben wurde.

Zwar gibt es Fähren schon viel länger als Automobile, aber die technische Entwicklung änderte sich bis dahin nur langsam und in geringem Umfang, da sie bis dahin nur Menschen, Vieh und kleine Karren, später dann auch Pferdefuhrwerke und Kutschen zu transportieren waren. So entwickelten sich die bis dahin genutzten Fährschalden und „fliegenden Brücken" nur langsam weiter. Die Schalden waren offene, flach gehende Kähne mit an beiden Enden abgeflachten Kopfenden, über die die Fuhrwerke und Karren leichter an Bord gebracht werden konnten. „Fliegende Brücken" waren größer und bestanden aus zwei Kähnen, die mit einer Plattform miteinander verbunden waren. Sie wurden an Seile gehängt, mit denen sie über den Fluss gieren konnten. Im Gegensatz dazu, konnten die kleineren Schalden auch gestakt oder gerudert werden.

Foto: Stadtarchiv Linz BA 91

Durch Ihre Bauart bedingt, sie wurden aus Holz gefertigt, waren beiden in Ihrer Konstruktion Grenzen gesetzt in Bezug auf Größe und Tragfähigkeit. Mit der zunehmenden Industrialisierung und der Automobilisierung kamen die alten, hölzernen Gierponten an Ihre Leistungsgrenzen, sie waren schlichtweg zu klein oder verfügten über nicht mehr genügend Tragfähigkeit, um auch moderne Kraftfahrzeuge sicher übersetzen zu können.

Es mussten neuen Konzepte entwickelt werden, neue und größere Fährschiffe mit mehr Tragfähigkeit und stabileren Oberdecks, so dass auch moderne Lastkraftwagen transportiert werden konnten. Dies erforderte ein vollständiges Umdenken beim Bau der Fährschiffe, weg vom traditionellen Holzbau, hin zum Eisenbau. Ein aus Eisen gebauter Schiffsrumpf ist bei gleicher Größe leichter, stabiler und er besitzt automatisch eine höhere Tragfähigkeit. Dadurch wurde es möglich größere Fährschiffe zu bauen.

Auch unsere Linzer Fähre war von dieser Entwicklung betroffen. Doch bevor es soweit ist, müssen wir noch ein bisschen weiter in der Geschichte, speziell für die Linzer Fähre ausholen. Bei der Linzer Fährgerechtsame, die hier immer wieder erwähnt werden wird, handelt es sich um ein sogenanntes „Fährregal". „Regalien" waren im Mittelalter durch die herrschenden Könige verliehene Rechte, wie z.B. das Zoll-. Jagd-, Fischerei- oder Fährrecht.

Die Stadt Linz war Jahrhunderte lang im ungestörten Besitz der beiderseitigen Über-fahrtrechte, existierte doch gegenüber der Stadt Linz keinerlei Besiedlung. Dies änderte sich 1701 mit der Gründung von Kripp und dem Bau des ersten Hauses, genehmigt durch Jan Wellem, Kurfürst von der Pfalz und Herzog von Jülich-Berg. 1706 vergab nun Jan Wellem seinerseits ein Fährrecht vom linken zum rechten Ufer. Dabei berief er sich darauf, das ja nun auch auf Kripper Seite eine Besiedlung vorhanden sei. Somit gab es nun das neue Fährrecht vom linken zum rechten Ufer (von Kripp nach Linz) und das alte Linzer Fährrecht, eingeschränkt auf die Überfahrt vom rechten zum linken Rhein-ufer.

Dass dies der Stadt Linz nicht gefallen konnte, ist nicht schwer nach zu vollziehen, und so kam es zu einem 24 Jahre dauernden Fährkrieg. 1730 schließlich gelang eine Einigung, nachdem sich die Stadt Linz zur Zahlung von jährlich 6 Goldgulden an die kurpfälzische Kasse in Sinzig verpflichtet hatte. Doch die Ruhe währte nicht lange: 1796 besetzte Frankreich das linke Rheinufer und nahm fortan das Fährrecht vom linken zum rechten Ufer in Anspruch, und zwar unter Berufung auf die Tatsache, dass das Fährrecht von links nach rechts Sinzig gehöre, da ja hierfür von der Stadt Linz seit 1730 eine Pacht gezahlt wurde. Einsprüche seitens der Stadt Linz bei der französischen Regierung wurden mehrfach ignoriert.

Als die Rheinlande 1814 unter preußische Verwaltung kam, erneuerte die Stadt Linz wieder einmal ihre Ansprüche, auf Rückübertragung der beiderseitigen Überfahrtrechte, doch ohne Erfolg. Es vergingen weitere Jahre mit der komplizierten Situationen, die einen vernünftigen Fährbetrieb so nicht zuließ. Zwar versuchten die Pächter sich untereinander abzusprechen, aber dies war nicht so einfach und brachte auch Schwierig-keiten bei der Gleichstellung der Fährgäste mit sich.

1832 schließlich hatte der preußische Staat ein Einsehen und unterbreitete der Stadt Linz ein Angebot, indem er das Fährrecht vom rechten zum linken Ufer gegen Zahlung einer jährlichen Rente übernehmen wolle.

Mit dem Vertrag vom 13. Oktober 1832 verpflichtete sich der preußische Staat zur Zahlung einer jährlichen Rente von 150 Talern und zur Einrichtung eine Gierbrücke, zur Erleichterung des Fährverkehrs zwischen Linz und Kripp.

Dafür trat ihm die Stadt Linz ihre Jahrhunderte alte Gerechtsame ab, womit nun der preußische Staat das Recht zur beiderseitigen Überfahrt besaß.

Aus den Vertragsunterlagen, abgeschlossen zwischen den Linzer Fährpächtern und dem preußischen Staat, vertreten durch die Provinzialverwaltung Neuwied, ist unter den Pachtbedingungen zu entnehmen, das der neue Pächter bei Beginn der Pacht die dem Staat gehörenden Fährgerätschaften übernehmen musste. Diese wurden am Anfang und am Ende der Pachtzeit taxiert, die Differenz (Wertausgleich) musste der abgehende Fährpächter in bar ausgleichen.

Die 1848 gelieferte, hölzerne Gierponte, war mit einem Kostenaufwand von 10.000 Mark auf Staatskosten gebaut worden. Der abgehende Fährpächter Rahm Junior, der seit 1870 Fährpächter war, hatte die Fährgerätschaften mit einem Wert von 6.548,45 Mark übernommen. Zur Ausschreibung am 12.10. 1885 wurde der Wert der Fährgerätschaften auf 5.190 Mark taxiert, so dass Rahm Junior 1.358,45 Mark in bar als Wertausgleich zahlen musste.

Ab 1. Januar 1886 war der Schiffer Christian Lurz, der neue Pächter der Fähre. Er erhielt den Zuschlag auf 12 Jahre. Völlig unerwartet verstarb er, am 21.03.1890. Seine Frau, die Witwe Gertrud Lurz, geborene Hammerstein, stellte daraufhin den Antrag, man möge Ihr das Pachtverhältnis erhalten, sie stelle den Schiffer Peter Gemünd aus Linzhausen als Fährmeister ein. Ihr Schwager, Simeon Lurz, der bisher schon immer auf der Fähre mitgefahren war, sollte ebenfalls als Fährmeister weiter dort tätig bleiben. Dem Antrag wurde nach Stellung einer Kaution von 7.500 Mark zugestimmt. Sie erhielt den Pachtvertrag zum 01.01.1891 übertragen.

In einem Bericht des Hauptsteueramtes Neuwied wird erwähnt, das beide, Peter Gemünd und Simeon Lurz, das Rheinschifferpatent haben und somit als Fährmeister befähigt sind. Aus den Akten des Stadtarchiv Linz geht auch hervor, dass Simeon Lurz und die Witwe Lurz zu diesem Zeitpunkt zu gleichen Rechten Pachtteilhaber waren.

Im Frühjahr 1891 beschwert sich die Witwe Lurz über Simeon Lurz, er habe die Fähre sehr vernachlässigt. Der Wasserbauinspektor Bretting von der Strombauverwaltung, der als Sachverständiger hinzugezogen wurde, weist die Beschwerde als unbegründet zurück. Im Mai 1891 tritt der Schiffer August Römer aus Mühlheim / Ruhr als Brückenknecht ein. Auch er muss nachweisen, dass er ein Rheinschifferpatent besitzt.

1892 war der Zustand der hölzernen Gierponte altersbedingt höchst bedenklich geworden. Dazu kam, das die Einnahmen, seit dem die Witwe Lurz Buch führte, sehr niedrig ausgefallen waren. Für das Jahr 1890 gab sie an, sie habe seit dem Tod Ihres Manns nur 4.550 Mark eingenommen. 1891 seien es 7.202 Mark gewesen und in den ersten Monaten des Jahres 1892 bis zum Beginn der Vertragsverhandlungen wären es nur 2.623 Mark gewesen. Daher begann Sie mit der Provinzialverwaltung über die Beschaffung einer neuen Gierponte auf Staatskosten und über die Verlängerung der Fährpacht zu verhandeln.

Der Wasserbauinspektor Bretting befürwortet den Bau einer neuen Gierponte und zwar aus Eisen. Schließlich einigte man sich dahingehend, das die Witwe Lurz von der Zahlung des taxierten Minderwertes für die staatliche Ponte entbunden wurde, sie dafür aber eine eigene, eiserne Gierponte beschaffen solle. Der Pachtzins wurde auf 1590 Mark festgelegt und die Pachtzeit ab dem 01.01. 1893 um weitere 12 Jahre verlängert. Von einer Teilhaberschaft mit Schwager Simeon Lurz, war dann keine Rede mehr.

1893 (Eiserne Gierponte am Längsseil)

Im Juli 1893 war es dann soweit, die von der Pächterin Witwe Lurz fur 10.000 Mark (Goldmark) angeschaffte eiserne Ponte wurde durch die Strombauverwaltung abgenommen. Erklärend muss dazu gesagt werden, das nur der Rumpf aus Eisen war, das Deck und die Aufbauten bestanden weiterhin aus Holz. Durch den eisernen Rumpf war es nun möglich, die Ponte größer und leichter als ihre Vorgänger zu bauen, womit eine größere Tragfähigkeit erreicht und genügend Platz für Pferdefuhrwerke und Motorwagen geschaffen wurde.

Nach einem weiteren Umbau (1926), war dann auch ausreichend Platz für größere und moderne Lastkraftwagen vorhanden, so dass man bei dieser Gierponte tatsächlich vom Urahn der Linzer Autofähren sprechen kann.

Die alte hölzerne Gierponte von 1848, die ja noch dem preußischen Staat gehörte, wurde ausrangiert und allein gelassen. Sie versank einige Zeit später in den Fluten des Rheins. Sie wurde am 17.07.1893 für 54 Mark inklusive Inventar an einen Janssen versteigert. Was dieser damit anstellte, ist leider nicht überliefert.

1896 und 1901 stellte die Witwe Lurz den Antrag, der Staat, vertreten durch die Strombauverwaltung, möge Ihr die eiserne Gierponte abkaufen, doch die Anträge wurden abgelehnt.

Bei dem am 30.08.1904 öffentlich angesetzten Termin zur Versteigerung der Fährpacht auf 6 Jahre fand sich kein Bieter, erst die Erhöhung auf 12 Jahre hatte Erfolg. Johann Kill aus Linz bot 1000 Mark, Alexander (Joseph) Lurz aus Linzhausen (der Sohn der Witwe Lurz, den alle nur „Alex" nannten), bot 1200 Mark und Johann Breuer 1250 Mark. Zuschlag erhielt „Alex" Lurz aus Linzhausen.

Johann Kill erhob dagegen Einspruch, er habe zum Ende hin 1300 Mark geboten, was der Versteigerer wohl überhört habe. Der Einspruch wurde vermutlich abgelehnt, jedenfalls findet sich dazu nichts in den Akten. Das Johann Breuer den Zuschlag nicht erhalten hat, konnte mit seinem

Leumund und mit einem anonymen Beschwerdebrief zusammen hängen, der bei der Stadt Linz von einem Unbekannten eingereicht worden war.

In diesem wurde behauptet:

„Am 25.07.1888 sei ein Fährnachen umgeschlagen und dabei ein Mann aus Kripp ertrunken.

Der Fährpächter Breuer soll dabei bis halbwegs Remagen abgetrieben sein. Er solle betrunken gewe-sen sein und das er sich häufiger in diesem Zustand befinde. Es seien überhaupt traurige Verhältnisse bei der Fährponte, da der Pächter Lurz niemals nüchtern, sondern Tag für Tag von früh bis spät besoffen sei. Von den 3 auf der Ponte beschäftigten Leute seien meistens 2 zugleich betrunken.

Der Absender dieser Mitteilung konnte nicht ermittelt werden und der Obersteuerkontrolleur berichtete, das Klagen gegen Lurz bislang nicht erhoben worden seien. Der ebenfalls in dem Brief erwähnte Unfall sei auch nicht in einem Kahn der Fähre, sondern in einem Privatkahn passiert; ein nicht von Lurz eingestellter Mann namens Breuer habe über gefahren.

AK: Wwe D. Brückmann, Linz / Rhein, Ansicht um 1904,   Quelle: Stadtarchiv Linz BA 1190

01. Januar 1914 (Pächter Albert Dörries)

Ab 01. Januar 1914 ging die eiserne Gierponte in den Besitz des neuen Pächters, dem früheren Lehrer und Wirt Albert Dörries aus Kripp über.

Er hatte bei der Ausschreibung im Mai 1913 den Zuschlag bei einer Gebotshöhe von 1200 Reichsmark (Jahrespacht) erhalten. Er verpflichtete sich gegenüber der Wasserstraßendirektion, binnen einer Frist von einem Jahr, die Gierponte in eine frei fahrende Fähre umzuwandeln sowie die dazu nötigen Uferbauten auf eigene Kosten auszuführen. Weiterhin sollte er auch ein Motorboot zum Übersetzen von Personen halten.

Durch den Ausbruch des 1. Weltkriegs kam es aber nicht mehr dazu. Der Fährdienst wurde wegen der Verlegung der Kölner Schiffsbrücke nach Linz ausgesetzt. Dörries erhielt zwar eine Beteiligung am erhobenen Brückengeld und setzte bei geöffneter Brücke Personen mit seinem Motorboot über, doch waren die Einnahmen durch den Krieg und in den Folgejahren gering. Er konnte oder wollte die Auflagen auch in den Folgejahren nicht erfüllen. Im März 1915 wurde die Kriegsbrücke wieder abgebaut.

Zu den ganzen Unwägbarkeiten, die der Fährbetrieb mit sich brachte, kamen in den späteren Kriegsjahren auch noch Materialprobleme hinzu. So beschwerte sich ein Fuhrunternehmer bei der Stadt Linz, das beim Auffahren auf die Gierponte sein Fahrzeug beschädigt worden und nur knapp einem Unfall entgangen sei und das nur, weil der Fährpächter Dörries unsachgemäß und fahrlässig gehandelt habe.

Dörries konterte dagegen, er hätte alles Menschen mögliche getan um ein Unglück zu verhindern und Schuld sei allein der Fahrer des Fuhrunternehmers, der grundsätzlich immer zu schnell auf die Ponte auffahre und auch diesmal zu schnell gefahren sei und so das Holzdeck der Ponte beschädigt habe, da das Deck alt und morsch sei.

Schuld sei weiterhin die ausbleibende Versorgung mit geeignetem Ersatzholz für das Deck und wenn es mal geliefert wurde, sei es von so minderer Qualität, dass es nicht lange vorhalte. Wie sich die beiden geeinigt haben ist leider nicht überliefert.

April 1920 (Verpachtung an die Städte Linz und Remagen)

Ab April 1920 wurde die Rheinfähre an die Städte Linz und Remagen verpachtet. Dazu wurde die Linz-Kripp GmbH mit einem Gründungskapital von nur 14.000 Reichsmark gegründet. An Betriebsmittel standen die Gierponte und das Motorboot zur Verfügung. Auch der Linz-Kripp GmbH, wurde von der Wasserstraßendirektion Köln (dem Nachfolger der Strombauverwaltung) die Auflage zur Anschaffung einer frei fahrenden Fähre gemacht. Seit in den zwanziger Jahren des 19. Jahrhundert die ersten Dampfschiffe den Rhein befuhren und die traditionelle Treidelschiffahrt zu ersetzen begannen, wurde es immer wichtiger, die Behinderung des Schiffsverkehrs durch die vielen Gierseilfähren zu beseitigen. Auch die Linzer Gierponte machte da keine Ausnahme, da sie an der Ahrmündung verankert war und so das Fahrwasser, wenn die Fähre auf der Linzer Seite lag, für die Schifffahrt völlig gesperrt war. Immer wieder kam es vor, das Schiffe das Längsseil übersahen oder nicht mehr rechtzeitig stoppen konnten, so das das Seil oftmals riss und die Gierponte teilweise bis nach Remagen abtrieb.

„Das Verlangen der Wasserstraßendirektion, die Gierfähre am Längsseil in eine frei fahrende Fähre umzuwandeln, konnte bis 1926 nicht erfüllt werden, weil die finanziellen Mittel hierzu noch nicht vorhanden waren. Es erfolgte eine Einigung mit dem Wasserstraßenamt Köln dahingehend, dass Anstelle der Längsseilfähre eine solche am Querseil beschafft werden sollte. Dies bedeutete eine wesentliche Verbesserung in der Fahrmöglichkeit der Fähre, da diese dann auch auf der Linzer Seite liegen bleiben konnte."

Aus dem Geschäftsbericht von 1925:

„Der Fährbetrieb musste wegen Eisgang vom 5. bis zum 12. Dezember 1925 und wegen Hochwasser vom 23. Dezember 1925 bis zum 07. Januar 1926 eingeschränkt, bzw. eingestellt werden. Eine Überholung der Fähre war beabsichtigt, konnte jedoch wegen des früh einsetzenden Verkehrs im Frühjahr nicht durchgeführt werden. Es soll dies im Herbste, bzw. Winter nachgeholt werden."

Mit Schreiben vom 11. Dezember 1925 forderte das Wasserbauamt Köln, laut Vertrag vom 10.04. 1920, die Gesellschaft auf, die Gierfahre durch eine frei fahrende Fähre zu ersetzen. Es wurden daher mit verschiedenen Werften und mit dem Wasserbauamt Verhandlungen eingeleitet, die aller-dings noch zu keinem Ergebnis geführt haben.

Quelle: C2, E5, A4,A5 aus Band 3

21. Oktober 1926 (Erste Querseilfähre)

Von 1926 an setzte man mit viel Hoffnung auf die umgebaute Querseilfähre. Sie ist als die eigentliche Vorläuferin der heutigen Motorfähren zu betrachten, weil sie schon damals Wagen und schwere Lasten übersetzen konnte. Ihre Größe reichte zwar gerade mal zum Transport eines Lastkraftwagens mit Anhänger und einem PKW. Im Vergleich zur Längsseilfähre konnte die Querseilfähre jetzt aber auch an der Linzer Fährrampe liegen bleiben, ohne dabei den Schiffsverkehr auf dem Rhein zu stören. Somit war die Grundlage für einen regelmäßigen Übersetzverkehr geschaffen.

Quelle: C3,E5,D5

Das Prinzip des Gierens blieb gleich, nur das die Fähre jetzt nicht mehr an einem Längsseil, sondern an einem quer durch den Rhein gespanntem Grundseil hing. Durch entsprechendes „fieren" (lösen) der seitlichen Halteseile und durch setzen (heben oder senken) der Seitenschwerter wurde die Querseilfähre so von der Strömung von Ufer zu Ufer getrieben. Eine Überfahrt konnte so bis zu einer viertel Stunde dauern.
Im Zuge des Umbaus wurde die Fähre auch erweitert, das seitliche angebaute Wartehäuschen, wurde um 1 m weiter nach außen über gebaut, sodass die Fahrspur nun ebenfalls 1 m breiter wurde. Damit wurde es nun auch möglich, moderne PKW und große Lastkraftwagen zu befördern.
Zu den Abmessungen der Fähre liegen leider keine Daten mehr vor, aber anhand der Bilder lasst sich die Größe ungefähr abschätzen: Die Fahrspur bot einem PKW und einem LKW mit Anhänger Platz, also kann man bei der Rumpfbreite von etwa 4-5 Meter und bei der Länge von ca. 20 Meter (ohne Fährklappe) ausgehen. Nach einer Garagenbauverordnung aus den 1920er wurden die Mindestbreite von Tiefgaragenstellplätzen für PKW mit 2,35 m vorgeschrieben.
Demzufolge können wir bei der Ponte eine Fahrspurbreite von ca. 2 – 2,5m annehmen plus seitlich einen Rand für die Deckaufbauten und schiffstechnischen Einrichtungen,

was somit eine maximale Deckbreite von ca. 4 Metern ergibt.

Quelle: C3,E5,D5 Band 3

Aus dem Geschäftsbericht von 1926 bis 1929
„Die Ponte musste ausgefahren werden vom 19. bis zum 27. Juni 1926 wegen Hochwasser und vom 27. bis zum 29. Dezember 1926 wegen Eisgang.

Am 21. Oktober 1926 wurde der Betrieb am Querseil aufgenommen. Der Betrieb ist dadurch bedeutend erleichtert worden und die Betriebsart hat sich, wie zu erwarten war, recht gut bewährt. Im Geschäftsjahr wurde die Fähre gründlich in Stand gesetzt, sodass sie jetzt in der Lage ist die größten Lasten befördern zu können. Das Wartehaus wurde um 1m über gebaut, wodurch die nutzbare Fläche der Fahrbahn gleichfalls um 1m breiter wurde. An der Warteraum wurde ein kleiner Abort angebaut."

Quelle: A4, A5, A6 aus Band 3

Für das Geschäftsjahr 1927 wurde notiert:
„Der Betrieb am Querseil hat sich weiter gut bewährt. Die Lebensdauer der Seile beträgt rund ein halbes Jahr. Die Fähre musste wegen Hochwasser ausgefahren werden am 2. März, vom 08. bis zum 14. April, vom 28. September bis 01.Oktober und vom 11. bis zum 15. November 1927, sowie wegen Eisgang vom 20. bis zum 23. Dezember 1927. Ebenfalls wurde in diesem Jahr die Fähre mit elektrischer Beleuchtung (Akkumulatorenanlage) versehen."

Quelle: A4, A7 aus Band 3

Im Geschäftsjahr 1928 wurde notiert:
„Die Fähre musste wegen Hochwasser ausgefahren werden vom 27. November bis zum 02. Dezember 1928 und wegen Eisgang vom 02. Februar 1928 bis 05. März 1929. In dieser Zeit wurde der Personenverkehr mit einer kurzen Unterbrechung durch Motorboote aufrecht gehalten, sodass auf der Strecke zwischen den Brücken in Bonn und Koblenz nur in Linz die einzige Übersetzmöglichkeit bestand, da alle anderen Fähren den Betrieb vollständig eingestellt hatten."

Quelle: A4, A8 aus Band 3

15. Dezember 1937

Am 15. Dezember 1937 schlug für die vertraute Querseilfähre die letzte Stunde.

Rede von Stadtbaurat i.R. Walter Fuchs:

"Entwicklung der Rheinfähre Linz-Kripp"

Die im Jahre 1848 gelieferte hölzerne Fähre tat ihren Dienst bis ins Jahr 1893, wo die Pächterin Wwe. Lurz in Linzhausen eine neue eiserne Ponte beschaffte, die 10.000 Mk kostete. …
… im Jahre 1921 wurde die Fähre dann an die beiden Städte Linz und Remagen verpachtet, die hierzu die heute bestehende GmbH mit einem Kapital von 14.000Mk gründeten. Die Fährgeräte bestanden damals aus der Fähre selbst und dem kleinen Motorboot. An Betriebsmittel besaß die GmbH so gut wie nichts und musste dauernd mit Bank-kredit arbeiten. Hierzu kam noch die Inflation und im Dezember 1923 ersuchte die Städtische Sparkasse Linz die finanzielle Abdeckung des Schuldensaldos von 123.233.124.000.000.Mk.
Es wurde nun zunächst eine kaufmännische Buchführung eingerichtet, die Fähreinnahmen mussten täglich abgeliefert werden und wurden an die Stadtsparkasse eingezahlt, so dass langsam eine Besserung in den finanziellen Verhältnissen eintrat. Durch die Mehreinnahmen und Überschüsse im Laufe der Jahre war es dann möglich, auch die technischen Betriebsmittel zu vervollkommen und zu vermehren.
Das Verlangen der Wasserstraßendirektion, die Gierfähre am Längsseil in eine frei fahrende Fähre umzuwandeln, konnte nicht erfüllt werden, weil die Mittel hierzu noch nicht vorhanden waren. Es erfolgte eine Einigung mit dem Wasserstraßenamt Köln dahingehend, dass anstelle der Längsseil-Fähre eine solche am Querseil beschafft werden sollte. Dies bedeutete eine wesentliche Verbesserung in der Fahrmöglichkeit der Fähre, da diese jetzt auch auf der Linzer Seite liegen bleiben konnte. Mit dieser Verbesserung ging Hand in Hand die Anschaffung zwei größere Motorboote. Auf der Kripper Seite wurde eine Schienenanlage geschaffen, um Boote aus dem Wasser zur Vornahme von Instandsetzungsarbeiten herausziehen zu können. Auf beiden Seiten wurden Beleuchtungsanlagen geschaffen, so dass der Betrieb auch bei Dunkelheit und

auch während der Nacht aufrecht erhalten werden konnte. Linz war die einzige Fähre, auf der man auch zur Nachtzeit übersetzen konnte. Außer dem Fährbetrieb selbst beteiligte sich die Fährgesellschaft an anderen Unternehmungen, die zum Vorteil der Fähre gereichten. So wurde bei der Anlage des Strandbades Sinzig, gegenüber Leubsdorf, eine Motorbootverbindung zwischen Linz und Strandbad und eine Fährverbindung zwischen Strandbad und Leubsdorf eingerichtet.

Aus der Geschichte der Rheinfähre Linz-Kripp
von Josef Siebertz (Stadtarchivar)

Die 1848 gelieferte hölzerne Fähre blieb bis 1893 in Betrieb, als die Pächterin Wwe. Christian Lurz eine neue eiserne Ponte für 10 000 Mark anschaffte. Der Schiffer Christian Lurz aus Linzhausen trat ab 1. Januar 1886 als Fährpächter auf. Nach seinem Tod übernahm seine Witwe vom 1.1.1891 bis 31.12.1904 den Fährdienst.
1920 wurde die Fähre an die Städte Linz und Remagen verpachtet, welche eine GmbH mit einem Kapital von 14 000 Mark gründeten.

Die Fährgeräte bestanden damals aus der Fähre selbst und einem kleinen Motorboot. Da die GmbH keine Betriebsmittel hatte, musste sie mit Bankkredit arbeiten. Im Dezember 1923 hatte sie 123 233 124 000 000 Mark Bankschulden. Nach der Inflation besserten sich die Verhältnisse.
Es war nur möglich, die Gierponte mit dem Längsseil in eine frei fahrende Fähre umzuwandeln; vorerst wurde eine solche mit einem Querseil angeschafft, so dass die Ponte auch am Linzer Ufer liegen bleiben konnte. Dazu kam dann die Anschaffung von 2 größeren Motorbooten. Da an beiden Ufern eine Beleuchtungsanlage geschaffen wurde, war ein Betrieb auch nachts gewährleistet. Linz war die einzige Fähre am Mittelrhein, auf der man in der Dunkelheit übersetzen konnte.
Zur Verbesserung des Verkehrs zwischen Remagen und Kripp setzte man ein planmäßiges Motorboot ein. Auf die Anschlussverbindungen mit Sinzig und Remagen wurde großer Wert gelegt. Die GmbH konnte dadurch einen guten finanziellen Erfolg verzeichnen.

Seit 550 Jahren ist die Rheinfähre Brücke zwischen Westerwald und Eifel 1995
von Hermann Josef Fuchs

1893 schaffte die Pächterin Witwe Christian Lurz für 10.000 Mark eine Eisenponte an. Das erste Motorboot läutete 1905 die technische Neuzeit ein. Von 1914 bis 1930 war Albert Dorries aus Kripp Fährpächter. 1920 wurde die Rheinfähre an die Städte Linz und Remagen verpachtet. Am 29. April erfolgte im Gebäude der Villa Nagel in Kripp die Gründung der Fährgesellschaft mit Eintragung im Register des Amtsgerichtes in Linz. Die Bürgermeister Dr. Paul Pieper (Linz) und Josef Froitzheim (Remagen) besiegelten mit Unterschrift das Vertragswerk zwischen beiden Städten.
Von 1926 an setzte man mit viel Hoffnung auf die Querseilfähre. Sie ist als die eigentliche Vorläuferin der heutigen Motorfähren zu betrachten, weil sie schon damals Wagen und schwere Lasten übersetzen konnte.

Am 15. Dezember 1937 schlug für die vertraute Querseilfähre die letzte Stunde. Von der Fährgesellschaft Bad Honnef hatte man die Motorfähre „Franziska" erworben. In den schweren Kriegsjahren hat sie so manches Schicksal gesehen

und wurde manchem zur letzten Brücke. Die Franziska erhielt beim Bombenangriff am 9. Februar 1945 einen Volltreffer. Dabei fanden der Fährmeister Peter Valentin, seine Ehefrau und weitere 16 Kripper Bürger den Tod.

Die Jahre des Zusammenbruchs wurden zu einem traurigen Kapitel in der Fährgeschichte. Nach den Kriegswirren erfolgte der Übersetzverkehr von Personen mit einem Nachen. Die französische Militärregierung genehmigte nur den Bau einer Querseilfähre. Der Neubau wurde bei der Firma Hilgers in Rheinbrohl in Auftrag gegeben.

Tagebuch 1918 Besatzung

von Horst Krebs

Das Tagebuch von Edward Inman 1918/1919 in Kripp

151th Machine Gun Brigade of the 42th Division
Rang in der amerikanischen Armee: Hornist

(gefunden in Amerika, übersetzt und überarbeitet von Horst Krebs)

Sonntag, 15.Dezember 1918

Habe erfahren, dass der heutige Marsch der letzte sein wird bis zu unserem Ziel. Bislang sind wir etwa 400 Km gegangen, über kurvige Straßen bergauf, bergab. Luftlinie waren es die Hälfte der Strecke. Noch 13 Km bis Waldorf, wo einige von uns in einer Scheune einquartiert sind, jedenfalls ein Dach über dem Kopf. Wenn wir Glück haben, können wir in Wohnungen übernachten. Es sind nur 5 bis 6 Km von hier bis zum Rhein. Jeder Mensch hat den Wunsch, diesen alten Fluss zu sehen und dort für einige Tage hinzugehen. Heute bin ich zur Bewachung der Küche eingeteilt.

Montag, 16.Dezember 1918

Am Nachmittag die Pferdekarren gesäubert. Acht von uns konnten im Wohnzimmer einer Familie übernachten. Rasiert am Nachmittag. Bin eingeteilt für eine besondere Aufgabe. Ich soll lernen, wie man das Horn bläst, aber weit und breit kein Horn zu sehen. Aber Hörner sollen bald zugeteilt werden.

Dienstag, 17.-19. Dezember 1918

Der Unteroffizier schläft auf der Couch hier und der Rest von uns auf dem Boden. Unter oder auf dem Esstisch ist der beste Schlafplatz. Die Leute hier haben Äpfel zu verkaufen, und nach und nach schaffen wir uns einen kleinen Vorrat davon an. Ich bin mal wieder zum Wachgang eingeteilt. Es sollte aber nicht sein, da ich wegen meiner speziellen Aufgaben eigentlich heute nicht zu patrouillieren hätte. Der 1. Sergeant hat den Fehler eingesehen und wollte sich beim nächsten mal daran erinnern. Heute haben wir endlich neue Schuhe bekommen, die wir dringend brauchten. Leutnant Andres hat hier eine Cousine, die in diesem Dorf wohnt. Heute ist Zahltag, das Geld für November wird ausgezahlt.

Freitag, 20.Dezember 1918

Wir bekommen Befehl, weiter in Richtung Rhein zu marschieren, da es hier zu wenig Quartier-möglichkeiten gibt. Man sagt uns, das sei ein Marsch von 9 Km. Wir kommen durch eine schmale Stadt, Sinzig, die mit deutschen militärischen Fahrzeugen vollgestopft ist. Gleich hinter der Stadt sind drei deutsche Flugzeuge, die von unseren Piloten inspiziert werden. Von hier sind es noch einen Kilometer bis zu einem großen Dorf, Kripp, am Ufer des Rheins gelegen, und die Quartierungen sind schon vorgenommen. Die meisten von uns werden in einem großen Schloss einquartiert, während der Rest des Bataillons in den Häusern einquartiert wird. Das Schloss ist bislang noch nie vom Militär besetzt worden und wurde 1914 zu Beginn des Krieges erbaut. Es trägt den Namen „Bethelm". Es ist ein modernes Gebäude, mit fließendem Wasser in einigen Zimmern. Es gibt dort Bäder, Toiletten, heizbare Öfen und ein großes Solarium, ein Babybett aus Stahl mit Federn, alles wird uns zur Verfügung gestellt. Elf von uns, Corporal Herr und Caldwell, Pvts. Hanby Meiser, Sauer, Jones, Kirsch, Humphries, Childs, McKale und ich selbst besetzen einen Raum in der zweiten Etage, es gibt dort 3 Etagen. In einer Ecke steht eine große Porzellan Waschschüssel für kaltes und warmes Wasser. Neben unserem Zimmer gibt es noch einen kleineren Raum, der besetzt wird mit Corporal Holbrook, Mechaniker May und Frederek, Pvts. Anderson, Johnson, Knox und Ryan.

Von unseren Fenstern können wir den Rhein in 500m Entfernung sehen. Er windet sich mit Krümmungen zwischen den gegenüberliegenden Hügeln. Zwischen uns und dem Fluss gibt es einige Kilometer weiter eine größere flache Häuseransiedlung, die eine andere Stadt erkennen läßt. (Remagen hat circa 3000 Einwohner). Auf dieser Seite von Remagen überquert eine Eisenbahnbrücke den Rhein. Man sieht Erdarbeiten auf einem der Hügel auf der anderen Flußseite zwischen hier und der Brücke. Sieht aus wie eine Einlagerung der Big Bertha mit einer Reichweite von 75 Meilen. Direkt über dem Fluss von Kripp ist ein größerer Ort namens Linz. Kripp hat eine Bevölkerung von 1200. Die beiden Städte sind durch eine Fähre verbunden. Schlepper ziehen flache Boote, Lastkähne, viele hundert Meter in der Länge und geladen, bis nur noch ein paar Zentimeter von dem Schiff über Wasser herausragt. Die beladenen Boote fahren den Fluss hinunter, die leeren fahren den Fluß hinauf. Jeder Schlepper zieht 2-4 Lastkähne und immer im Tandem. Militärische Vorschriften verbieten diesen Verkehr.

Morgen ist Samstag, so werden wir den ganzen Nachmittag mit Waschen verbringen und unsere Patronengürtel und Rucksäcke in Ordnung bringen. Hoffe, wir bleiben hier, bis wir nach Hause zurückbeordert werden. Wir haben einen herrlichen Ausblick, können gut in den Betten schlafen, und der Ofen gibt uns die nötige Wärme. Als Packesel benutzt zu werden ist nicht angenehm, trotz der herrlichen Landschaft hier. Heute haben wir einen Ochsen, eine Kuh und ein Maultier gesehen. Sogar ein Pferd, welches mit einer Kuh zusammen auf dem Feld arbeitete. Nie haben wir 2 Pferde im Tandem gesehen, ein Zeichen, dass Pferde hier selten sind. Die deutschen Kinder hier haben sich genau so verhalten wie die französischen Kinder, sie sind neben uns her gelaufen und haben Pennies erbettelt. Die Leute haben uns höflich und mit offenem Herzen empfangen. Die Freundlichkeit und Unbeschwertheit traf uns im heiklen Gegenteil zu dem Verhalten der Franzosen, die immer Angst hatten, wir würden ihnen etwas wegnehmen.

Die Franzosen haben eine feinere Art, eine liebevolle und sind emotionalere Menschen als die Deutschen. Die Deutschen sind fleißig, lieben ihre Heimat und sind ein gebildetes Volk. Ihre Ausbildung wird vollständig von Berlin geleitet und sie lernen ihre so genannte deutsche Kultur, deutsche Macht, ihr Recht und die Überlegenheit mit dem „Bündnis mit Gott". Der französische Schimpfname für die Deutschen ist „Boche", dem Sinn nach „Dummkopf". Auf den Schulen der Deutschen steht immer" Gott ist mit uns" oder „Deutschland über alles". Ich glaube nicht, dass unsere Kompanie diese Lieder gesungen hatte, bis wir hier ankamen. Der Grund war der, dass wir nicht dazu die Laune hatten. In der Kompanie habe ich den Ruf, der beste Marschierer zu sein. Heute ist Post für mich gekommen. 4 Briefe, sie waren Monate lang unterwegs.

Samstag, 21.Dezember 1918

Inspektion am Nachmittag. Wir vom ersten Zug müssen es immer wieder ausstehen, weil unsere Ausrüstungen nicht den Anforderungen entsprechen. Wir müssen bei diesen Inspektionen immer am untersten Level beginnen. Gunner Ward von der 2. Schwadron hatte ein Problem, das uns umhaute. Corporal Herr schickte ihn ins Dorf, dort, wo die Wagen geparkt waren, und er kam zurück ohne Maschinengewehr. Er sagte, dass er es hatte nicht mehr finden können und das ein anderer es wahrscheinlich ergriffen hätte. Da ich dieser Schwadron nicht mehr angehörte, machte ich den Vorschlag, dass ich das Maschinengewehr abholen würde, derweil die anderen mit der Inspektion hätten weitermachen können, aber es wurde von der Schwadron abgelehnt, da die Inspektion anscheinend wichtiger war. Heute Nachmittag schlendern wir hinunter zum Fluss um uns an der Rheinstrasse mit Hutchens in einem Cafe zu treffen. Es war schon eine Zeit lang her, dass wir miteinander geredet hatten.

Sonntag, 22.Dezember 1918

Schreibe Briefe heute. Man kann Schreibmaterial in jedem der Dörfer in Deutschland kaufen, aber das Limit ist damit schon erreicht.

Montag, 23-24 .Dezember 1918

Kompanie erledigt eine regelmäßige Übungseinheit, welche nur am Vormittag durchge-führt wird. Der Nachmittag ist frei, es sei denn, wir bekommen neue Wachinstruktionen, die jeden vierten Tag anfallen. Ich übe derweil mit meinem Horn, welches einer der Stipendiaten bei einer Wanderung hier gefunden hatte. Wir sind 8 Leute, die ein Horn haben, von jeder Kompanie zwei. Zum Üben gehen wir immer hinunter zum Ufer des Rheins.

Mittwoch, 25. Dezember 1918

Weihnachten, aber man fühlt es nicht richtig, obwohl es gestern etwas geschneit hatte. Wir fuhren heute morgen zum Kirchplatz. Dort in der Dorfschule haben wir Schokolade und Plätzchen bekommen.

Gegen späten Nachmittag machten wir hier im Chateau ein Unterhaltungsprogramm mit Weihnachtsliedern. Wir hatten ein paar Hühner eingekauft, und so gab es heute Abend Chicken Dinner. Seitdem wir in Kripp sind, bekommen wir drei Mahlzeiten am Tag.

Freitag, 27. Dezember 1918

Für heute haben wir unser Treffen mit den anderen Einheiten verlegt in einen Stall mit langen Tischen und mit Stühlen bestückt. Am Ende dieser Halle gibt es eine Bühne und in der Tat muss es sich hier um den Unterhaltungstreffpunkt der Bevölkerung handeln. Ungefähr zwei Drittel unserer Kompanie hat heute ihre Weihnachtsgeschenke aus der Heimat erhalten mit vielen Briefen und Karten. Ich hatte leider kein Glück, meine Weihnachtsgeschenke von meiner Familie zu bekommen, eine Lastwagenladung dieser Geschenke ist in Frankreich verbrannt, und ich bin mir sicher, dass meine Geschenke dort auch dabei waren. Heute war der Schnee durch den Regen wieder weg.

Montag, 30. Dezember 1918

Die Zähne von all unseren Männern wurden heute von einer Gruppe von dafür ausgebildeten Offizieren kontrolliert. Meine Zähne sind erstklassig. Männer mit ganz schlechten Zähnen bekommen diese in den nächsten Tagen gezogen. Diese Maßnahmen sind schlecht bei uns angekommen, da viele Zähne bestimmt noch hätten repariert werden können, anstatt sie rauszuziehen. Aber Befehl ist nun mal Befehl. Das gesamte Bataillon traf sich heute wieder auf dem Dorfplatz. Es wurde eine Liste erstellt, um herauszufinden, welche berufliche Ausbildung jeder hatte, um sicher zu stellen, dass bei der Rückkehr in die Staaten die entsprechenden Arbeitsplätze vorhanden sind. Anschließend wurde auf dem Dorfplatz mit deutschen Musikern Lieder gespielt. Die meisten Deutschen können irgendein Lied spielen.

Mittwoch, 1. Januar 1919
Kein Training heute. Es ist ein klarer Tag für eine Veränderung, und ich mache einen Spaziergang am Fluss der zugewandten Seite Remagen. Die Flussufer sind bis unter die Wasserlinie mit Basaltsteinen ausgelegt. Der Flußpegel ist deutlich gestiegen, seit den Regenfällen der letzten Tage. Es ist die Zeit abends früh zu Bett zu gehen, wir bekommen keine Kerzen aus militärischen Gründen.
Wenn es ein Unterhaltungsprogramm auf dem Dorfplatz gibt, dann wird es auch schon mal später. Viele von uns gehen ins Bett statt in die Cafes. Meiser ist ein ganzer Kerl, wenn es um das Essen geht. Er ist immer irgendwo im Dorf auf der Jagd nach etwas Essbarem in den Restaurants. Heute Nacht hatten wir ihm einen Streich gespielt. Wir hatten seine Bettsachen mit Stroh gefüllt und mit all dem Unrat, der hier rumlag. Er wird eine schöne Zeit haben, wenn er ins Quartier kommt und im Dunkeln seine Bettsachen ordnen muss.

Freitag, 3. Januar 1919

Auf dem Dorfplatz spielt heute die 166th Infantery Band

Sonntag, 5. Januar 1919

Schreibe Briefe und nehme am Gottesdienst gegenüber des Dorfplatzes teil. Unser Bataillion hat jetzt einen Kaplan, einen ehemaligen Sergeanten von der 166th Infantry. Der Fluß ist über die Ufer getreten, und die Uferstraße ist mit mehreren Stäben gekennzeichnet. Die Straße entlang des Ufers ist ein paar Meter unter Wasser und auch die Gebäude stehen im Wasser.

Montag, 6. Januar 1919

167th Infantery Octet am Dorfplatz. Nachricht vom Tod des ehemaligen Präsidenten Roosevelt. Bataillion in Formation zum Gruße um 04:00 Uhr zu Ehren von Roosevelt.

Dienstag, 7. Januar 1919

Filmvorführungen auf dem Dorfplatz. Die Stromversorgung der Filmmaschinen erfolgt über einen Lastwagen. Die Filme wurden an verschiedenen Orten des Dorfes gezeigt. Die Filmmanschaft zieht zu verschiedenen Orten mit amerikanischen Regimenter, um die Zeit für die Soldaten zu verkürzen.

Mittwoch, 8. Januar 1919

Boxkämpfe auf dem Dorfplatz für uns Männer

Donnerstag, 9. Januar 1919

Ringkämpfe auf dem Dorfplatz für uns Männer

Freitag, 10. Januar 1919

Auf dem Dorfplatz werden Süßigkeiten und Kekse verkauft, aber das hält nicht den ganzen Tag an. Rainbow Sheldon hat sich mit Rotwein betrunken. Die Patrouillen haben ihn verhaftet, aber sie ließen sich viel Zeit dabei.

Samstag, 11. Januar 1919

Inspektion am Vormittag. Am Abend spielt die 168th Infantery Band auf dem Dorfplatz. Wurde heute zum Hornisten ernannt.

Sonntag, 12. Januar 1919

Schönes Wetter, noch kein Schnee. War in der Kirche gewesen am Dorfplatz und anschließend einen Kuchen gekauft. Wenigsten heißt es Kuchen aber ich würde es eher einen verkrusteten Tortenboden nennen mit Marmeladenfüllung. Es ist mit der einzige essbare Artikel, den man hier unbedenklich kaufen kann.

Zuckerbrot mit Marmelade, Möhren mit schwarzen Beeren, die hier in einer Fabrik hergestellt werden. Die ersten Tage, wo wir hier waren, gab es einen kleiner Metzgerladen. Das meiste Fleisch dort war gewöhnungsbedürftigt und das Fleisch war stets mit Blut gemischt. Wir hatten es versucht, zu essen, aber unser Magen streikte. Kurze Zeit später wurde der Verkauf von Fleisch an uns von den Deutschen verboten, auch andere Lebensmittel durften an Soldaten nicht mehr verkauft werden. Der Grund war der Mangel an Lebensmittel für die Deutschen selbst.

Dienstag, 14. Januar 1919

Seit langer Zeit wieder Post bekommen. Alfred ist sehr krank und Roma ist gestorben.

Mittwoch, 15. Januar 1919

Ein Bischof aus New York war heute auf dem Dorfplatz. Nach der Predigt brachte ich Parks nach Ahrweiler zum dortigen Hauptquartier. Parks ist eigentlich der Chauffeur vom Major und fuhr einen alten Ford. Auf dem Weg nach Ahrweiler kam ich durch Neuenahr, wo die Divisional Supply Base stationiert ist.

Donnerstag, 16. Januar 1919

Heute vormittag mit dem Horn geübt, anschließend einen Spaziergang nach Sinzig gemacht. Wir durften eigentlich ohne einen Passierschein dort nicht hin, aber wir hatten uns nie die Mühe gemacht, einen zu beantragen. Kaufte dort drei Ringe als ein Souvenier. Auf dem Rückweg, am Ortsrand von Sinzig, kam plötzlich eine Kompanie auf mich zu. Ich duckte mich hinter einer Hecke an der Seitenstraße. Ich ging duckend hinter dieser Hecke entlang, die ein Feld von 3 bis 4 ar umspannte. Ich kam dann wieder auf die Straße zurück, und an der Ecke der Hecke stand dann plötzlich der Anführer der Kompanie neben mir, der mit seinen Leuten etwas besprach. Ich konnte mich gerade noch abwenden und an der Hecke warten, bis die Truppe in Richtung Sinzig weiterging. Aus obiger Zeichnung sieht man die verschiedenen Positionen einzelner Armeen und die neutrale Zonen die entlang des Rheins von den Alliierten ausgekleidet sind. Die Brückenköpfe werden aus den drei großen Städten Köln, Koblenz und Mainz mit einem Durchmesser von 30 Km überspannt. Die neutralen Zonen haben auch einen Durchmesser von 30 Km. Keinen deutschen oder amerikanischen Truppen ist es erlaubt, in diese neutralen Zonen zu gehen. Bei Widerständen und Kampfhandlungen ist es den Alliierten allerdings erlaubt, überall hinzugehen. Dieses entspricht den Bedingungen der Besatzung. Jede Kompanie in allen Divisionen haben bestimmte Positionen ausgewählt für einen plötzlichen Angriff. Im Falle eines Angriffs, unser Major General Bn. wird sich auf die vorher festgelegten Positionen zurückfallen lassen auf die Höhen nahe der Stadt Sinzig, dort, wo die Infantry ihre Positionen aufgebaut hat. Jedes Bataillon und Regiment ist so einquartiert, dass sie in kürzester Zeit zu Stelle ist, wenn es irgendwo mal Ärger gibt. Natürlich glauben wir alle nicht, dass es dazu mal kommen wird.
Vor einigen Tagen hatten die Infanterie und die Artillerie eine Schein Attacke angesetzt. Die Artillerie von einem Hügel zwischen hier und Remagen, ein Stück weg vom Fluss,

vorangetrieben von ihren Positionen über die Felder in Schlachtordnung bis Kripp zum Flussufer. Der Deutsche wusste nicht, was los war, die Hände ringend weinten die Frauen und die alten Leute hatten Angst.

Es war Sport für uns. Verdammt, lasst sie einmal Angst haben, sollen sie ihre Medizin nehmen. Wenn es sie nicht geben würde, bräuchten wir nicht hier zu sein, wären zu Hause bei unseren Familien. Aber so wie es ist, wir sind hier in diesem Gott verlassenen Nest, wo man nichts kaufen kann, nichts essen und wo es keinen Platz gibt, wo man sich amüsieren kann. Wir müssen diese Zeit vorbei gehen lassen. Ein neues Lied wurde hier geboren „Alles was wir haben ist eine Heimat am Rhein". Es ist für uns ein populäres Lied, weil wir so fühlen, und wir singen es mit trauriger Melodie. Meiser, der Kerl, startet jeden Tag nach dem Aufwachen mit dem Spruch " Einen Tag näher an Zuhause". Obwohl wir abends früh zu Bett gehen und morgen um 07:00 Uhr aufstehen, mögen wir nicht aufstehen. So singen wir denn das Lied von dem gekillten Trompeter, ein sehr beliebtes Lied. Ich brauche morgens an den Drillübungen nicht teilnehmen. Meine Kameraden hassen diese Übungen, auch wenn sie nur einen Teil des Vormittages ausmachen. Wir haben Sehnsucht etwas zu essen, etwas Süßes. Wenn man uns nur zum Dorfplatz schicken würde, es würde uns helfen. Man brachte uns Schreibpapier, Zeitungen und Bücher. Die Zeitungen sind voll mitdem Kriegszeug, wir wollen das nicht mehr lesen. Natürlich müssen wir hier in unseren Quartieren die Kriegszeit überstehen, aber es gibt hier nichts mehr zu erzählen, es sei denn, es kommen neue Gerüchte.

Vor einigen Tagen kamen Unmengen an Pferde hier nach Kripp von Divisionen, die ihre Heimatreise antraten. So denken wir, dass auch unsere Heimreise bald kommt, sobald die Pferde weg sind. Aber nun wird unsere Artillerie neu ausgestattet mit Traktoren zum Transport unserer Waffen, und wir bleiben hier bis zum Rest unseres Lebens.

Sehr oft bekommen wir auf dem Dorfplatz die Zeitungsausgaben des New York Herald und der Chicago Tribune, die für uns als Kontakt zur Außenwelt dienen. Die Deutschen haben aufgehört, uns zu unterstützen, keine Musik auf dem Dorfplatz, ich weiß nicht warum, aber ich weiß, dass es für die deutschen Jungen und Männer kaum noch Platz auf dem Dorfplatz gab. Neulich hatten wir die älteren Jungen auf dem Dorfplatz mit Stöcken geärgert, und jetzt geht keiner der Deutschen mehr dort hin. Nun, wir leben mehr nach den Armeeregeln und dürfen mit den Deutschen keine Verbindungen aufbauen, jedenfalls so wenig wie möglich. Bei den gleichen Regularien ist es den Deutschen verboten, nächtliche Treffen abzuhalten, egal welcher Art. Auch tagsüber dürfen sie es nicht, außer der Besuch in der Kirche. Mehr als drei Deutsche zusammen auf der Straße ist verboten, und sie bekommen Passierscheine von unseren Büros, wenn sie das Dorf verlassen wollen in Richtung der neutralen Zone. Absolut alle Waffen müssen den Alliierten abgegeben werden während der Besatzungszeit. Jeder Haushalt hat eine Liste, wo draufsteht, welche Personen in dem Haus wohnen. Wir haben keine Probleme mit den Deutschen, da sie diese Vorschriften beachten. Ich glaube nicht, dass der Krieg einen Einfluss auf die „Kinderbettelei" hatte, aber du kannst mir glauben, sie brauchen und suchen Schuhe. Während die Kinder spielen in den Pausen habe ich alle Arten von Schuhwerk bei ihnen gesehen. Jungen und Mädchen, im alter von 8-10 Jahren, tragen die Schuhe ihrer Mutter oder des Vaters. Alte, abgenutzte mit schweren dicken Sohlen aus Holz mit Oberteil aus Leder. Schuhe von ihren älteren Brüder und Schwester, unpaarige Schuhe vielleicht von demselben Fuss, die Fersen meist abgenutzt. Kein Kind trug Holzschuhe in der Schule und auch ältere Menschen hier tragen keine Holzschuhe.

Jeden Freitagnachmittag gehen die Lehrer mit den Kindern wandern, immer in geordneten Reihen. Sowohl die Jungen als auch die Mädchen singen beim wandern. Selbst ihre Spiele haben den Anschein einer militärischen Formation. Schon von Geburt an werden sie gelehrt an eine Ordnung und um ihr Vaterland zu verteidigen. Das hatte den Ursprung der alten Regierung unter Kaiser Wilhelm, wo ein uneheliches Kind kostenlos eine Ausbildung erhielt, als Säugling schon, später mal ein guter Soldat zu sein. Die Jungen wurden erst freigegeben, wenn sie ein bestimmtes alter erreicht hatten. Uneheliche Mädchen wurden auf die gleiche Weise aufgenommen. Sie wurden gelehrt in Näh-, Pflege- und Reinigungsservice.

Alles Militarismus nach dem Motto „Deutschland über alles". In Kripp werden die Nachrichten und die Verordnungen der alliierten Armee durch einen Ausrufer bekannt gegeben, statt Zeitungen. Er geht durch das Dorf, läutet seine kleine Glocke an jeder Ecke, um seine Nachrichten zu erzählen. Wie ich hier ankam, hatte ich eine Kripper Frau, die mir die Wäsche machte, aber ich glaube nicht, dass sie diese Wäsche gekocht hat oder irgendein Seifenstück verwendet hatte. So wasche ich meine Wäsche jetzt selber. Jeder Offizier wird, wenn er an der Reihe ist, nach Frankreich für drei Wochen in ein Trainingslager gesteckt. Ein Leutnant von der S.O.S wurde uns geschickt uns taktische militärische Dinge in Trainingseinheiten zu unterrichten, aber er war nicht sehr geeignet für so etwas. Er war nie an der Front, und er hatte den gleichen Level wie unsere Kameraden hier. Major Winn hat seinen Auftrag als Oberstleutenant erhalten und Captain Peacock von einer anderen Kompanie des Batallions.

Donnerstag, 16. Januar 1919

150. Artillerie-Saxophon Sextett auf dem Dorfplatz. Höre das Lied „Jada" zum ersten Mal.

Freitag, 17. Januar 1919

Na, wenn wir heute auf dem Dorfplatz keine Süßigkeiten bekommen, dann werden sie liberal

Samstag, 18. Januar 1919

Heute ist Zahltag und das obligatorische Trinken. Einige von uns machen den Tag zur Nacht, wenn Zahltag ist. Aber es gibt hier nicht viel zum Trinkgelage. Ich habe noch nie gesehen, dass hier Soldaten alkoholische Getränke dabei hatten, wenn sie zur Front gingen. Französische, Britische und Deutsche werden meistens mit Bier versorgt. Habe ich überhört, das sie nicht betrunken werden, wie die amerikanischen Soldaten. Wir bekommen unser Geld in Deutsche Mark statt Franc. Vor dem Krieg war die Mark noch 24 Cents wert, jetzt sind es nur noch 8 Cents. Einige von uns haben Passierscheine um einige Meilen rheinabwärts mit dem Zug zu fahren, nach Bonn. Bonn ist ein britischer

Brückenkopf und wird von Kanadier besetzt. Die kanadische Division befindet sich neben der 42th Division auf der linken Seite.

Sonntag, 19. Januar 1919

Auf dem Dorfplatz führt Chaplin eine Singschule vor.

Montag, 20. Januar 1919

Teile unserer Kompanie fahren mit Passagierschein nach Koblenz. Unser Bataillon bekam heute neue Maschinengewehre und Pistolen der Marke Browning. Diese Waffen haben noch die alten Stempel des 339th Machine Gun Regimentes und der 85th Division. Ein Teil unserer Männer mag die neuen Waffen, aber für die meisten von uns sind sie zu kompliziert.

Dienstag, 21 Januar, 1919

Teile unserer Kompanie mit Passagierschein nach Bonn. Heute bekam ich meine Box mit den Weihnachtsgeschenken. OK.

Mittwoch, 22 Januar, 1919

Hornist Walker ist krank. Regierung startet jetzt regelmäßig die Lieferung von Süßigkeiten, Kaugummi, Tabak und Cookies. Diese Lieferungen sollen jetzt öfter die Woche durchgeführt werden. Einge Sergeanten von uns werden den Verkauf jetzt besser organisieren, und wir freuen uns, jetzt diese Sachen hier zu bekommen.

Donnerstag, 23. Januar, 1919

Wir üben eine Bataillion Parade für den Besuch des Generals in einigen Tagen. Wir haben nun einen neuen General bei S.O.S., einer, der von unserem alten General vorgeschlagen wurde und hier bei uns die Sachlage überprüfen möchte.

Freitag, 24. Januar, 1919

Post ist heute gekommen. Unsere Kompanie erhält eine Ausgabe von Kaugummi, Kekse und Marmelade. Die Sergeanten teilen die Sachen gruppenmäßig auf, und jeder zahlt dann seinen Anteil.

Freitag, 31. Januar, 1919

Heute war die Parade für den neuen General. Das 150th Machine Gun Bataillion wurde überprüft und von Generalmajor Fauser bewertet.

Donnerstag, 6.Februar, 1919

Die Zeit geht schrecklich langsam voran. Die Veranstaltungen auf dem Dorfplatz werden weniger und die Abstände zwischen den Veranstaltungen werden immer länger. General Pershing hat eine Liste aller Divisionen aufgestellt, die mit Schiffspassagen nach Hause transportiert werden und auch die Monate, wann diese Rückkehr stattfinden soll. Der Monat für unsere Division ist April. Wird April jemals kommen? Nun, jetzt werden sicher die Gerüchte verstummen, wann die Rückkehr erfolgen wird. Aber erst in zwei Monaten? Muss darüber nachdenken. Einige meiner Kameraden sagten, sie würden lieber wieder in die Schützengräben gehen, so wie damals in der Ausbildung im vergangenen Winter an der lothringischen Front, als in diesem Loch in Kripp. Es gibt kaum einen Mann hier, der nicht müde, krank und einsam ist, von dem Leben hier. Natürlich wissen wir, dass wir nicht alle gleichzeitig nach Hause kommen können. Da sind wir uns alle einig, wir sind vereint, bis auf den letzten Mann hier bei der AFE. Von Beginn an mit der Armee zu leben war ein Aussonderungsprozess. Zuerst werden die Drückeberger aussortiert, dann die, die nicht wollen, dann diejenigen, die vorgeben kranke Füße zu haben, nicht marschieren zu können. Aber jetzt wissen wir, dass es bald nach Hause gehen wird.

Heute ist das Fußballspiel unserer Division gegen die Mannschaft der vierten Division bei Koblenz. Ein Dutzend von uns, mich eingeschlossen, erhalten Passierscheine, um mit dem Lastwagen, der unsere täglichen Rationen transportiert, in Richtung Koblenz zu fahren. Wir verließen Kripp um 08:30 Uhr aber einige Kilometer hinter Sinzig brach unser Lastwagen zusammen. Ich hatte das Glück, auf einen anderen Lastwagen umzusteigen, und so erreichte ich Koblenz. Koblenz ist 32 Kilometer von Kripp entfernt. Am Vormittag ging ich mit Knox noch etwas durch die Stadt und am Nachmittag gingen wir zum Fußballfeld südlich der Stadt am Flussufer. Ein Sergeant unser Kompanie hat in der Mannschaft mitgespielt, aber wir haben das Spiel verloren. Am Abend haben wir auf dem Platz unser Abendessen bekommen. Wir wurden von deutschen Kellnern bedient. Anschließend haben Knox und ich noch die Räume des Roten Kreuzes besucht, und wir erhielten dort einen Pullover mit Aufdruck. Um 22:00 war das Fest dann zu Ende und wir bekamen gerade noch den letzten Lastwagen, der uns nach Sinzig fuhr. Von dort gingen wir dann zu Fuß zu unseren Quartieren nach Kripp.

Freitag, 7 Februar, 1919

Die Hälfte unserer Kompanie, mich selbst eingeschlossen, machen heute eine Bootsfahrt auf dem Rhein. Auch die drei anderen Kompanien erhielten Passagierscheine und circa die Hälfte aller nahmen an der Bootsfahrt teil. Jeder Offizier hat die Verantwortung für seine eigene Kompanie. Es gibt keine Anlegestelle in Kripp, so dass wir bis Remagen marschieren mussten. Abfahrt des Bootes ist 08:30 und wir mussten uns beeilen, da wir uns vorher noch für das Mittagessen eintragen lassen mussten. Das Boot ist ein Ausflugsboot, wo man das Deck aufschieben konnte , gedacht für Touristen, die hier in großer Zahl solche Fahrten genießen, vor allem ausländische Touristen. Das Schiff wird von einer deutschen Besatzung betrieben und für unsere Tour sind einige amerikanische US Mariners an Bord um zu sehen, dass die alliierten Sicherheitsvorschriften ausgeführt werden.

Alle zwei bis drei Kilometer sehen wir Ortschaften auf jeder Seite des Flusses, Brücken gibt es nur in irgendwelchen Städten. Eine Eisenbahn gibt es auf jeder Seite des Flusses. Der Fluss ist einige hundert Meter breit und hier und da gibt es eine kleine Insel in der Mitte des Stromes. Wir sehen viele malerische und historische Sehenswürdigkeiten, aber am meisten interessierte uns der mittelalterische Prinz auf seinem Pferd und die alten Stellungen der Schlacht von Napoleon, wo er gezwungen wurde über die alte Festung Ehrenbreitstein wieder zurückzukehren, direkt gegenüber des Rheins in Koblenz, wo die Mosel in den Rhein mündet. Obwohl, es tat gut die amerikanische Flagge dort im Wind wehen zu sehen, vor allem durch die Prahlerei von Kaiser Wilhelm. An der Einmündung der Mosel steht an der alten Festung dieses Monument des Kaisers Wilhelm mit seinem Pferd. Ein amerikanischer Soldat bewacht dieses Monument, da einige Tage zuvor ein amerikanischer Soldat Schüsse auf den Kopf des Kaisers abgegeben hatte um die Härte des Materials zu prüfen.

Eine amerikanische Ponton Brücke über den Rhein verbindet beide Ufer und der Verkehr ist auf Soldaten beschränkt.

Ein paar Kilometer hinter Koblenz dreht unser Boot und wir fahren an dem steilen Berghang westlich des Ufers zurück, an eine der vielen Burgen des Kaisers. Diese Burg heißt Stolzenfels. Ein gutes Mittagessen wurde uns im Speisesaal von deutschen Kellnern serviert, mit Fleisch belegte Brötchen, Kekse und Kakao. Gegen 15:30 kamen wir wieder in Remagen an. Es war ein klarer Tag mit etwas rauem Wind.

Eine amerikanische Armee Platoon Brücke verbindet die Festung Koblenz mit derzeit wird der Verkehr auf Soldaten beschränkt. Ein paar Kilo über Koblenz unser Boot dreht sich um und zurück, bis an einem steilen Berghang am westlichen Ufer ist eine der vielen Burgen Kaisers, wird dieser ein Stolzenfels genannt. Ein gutes Mittagessen mit Fleisch belegte Brötchen und Kekse und Kakao wird von den deutschen Kellner im Speisesaal serviert. Kommen Sie zurück in Remagen auf 15.30 Uhr Es war ein klarer Tag, aber mit ein rauer Wind.

Samstag, 8.Februar 1919

Inspektion wie gewohnt. Es war Zahltag heute. Die Armeevorschriften besagen, dass vor dem 10. eines jeden Monats die Bezahlung der Soldaten zu erfolgen hat. Jeder hat ein Soldbuch, und wer am Zahltag nicht anwesend ist, bekommt seinen Sold später unter Vorzeigen des Soldbuches von einem Offizier oder Sergeanten ausgezahlt, egal wo man sich gerade befindet. Seargent Deets bekam heute einen Orden von der Regierung für seine Tapferkeit im Einsatz in Belgien. Captain Means hat diese Ehrung vor der Division vorgenommen.

Sonntag, 9.Februar 1919

Briefe geschrieben. 168th Infantery Band spielt auf dem Dorfplatz

Dienstag, 17.Februar 1919

Der Kaplan erzählte uns heute die Geschichte von einem Soldaten in Toul und Nancy,

der dort sein Gepäck hatte liegen gelassen.
Er kämpfte dort am 22. Februar im Schützengraben. Meiser wusste die Details.

Donnerstag, 27.Februar 1919

Wir erhalten Passagierscheine für einen Ausflug nach Köln am Rhein. Der Grund für diesen Ausflug ist, uns etwas die Zeit zu vertreiben und uns die Monotonie des Alltags etwas vergessen zu machen. Statt der vielen Sehenswürdigkeiten wollen wir lieber unsere Freiheitsstatue wieder sehen. Wir wollen das ganze Land hier noch nicht mal als Geschenk, Frankreich auch nicht. Was immer wir auch machen, diese schönen historischen Sehenswürdigkeiten interessieren uns nicht so sehr. Es ist nichts zum Vergleich des Elends, der Qualen, Verwüstung, des Schreckens und des Todes beim Anblick des Krieges. Diese historischen Sehenswürdigkeiten aus längst vergangener Zeit haben keinen Einfluss auf uns alle hier, da die Wirklichkeit der Krieg ist. Vielleicht sehen wir unsere Rolle in dieser historischen Welt etwas anders, später, wenn wir wieder Zuhause sind. Wir passieren Rolandseck, wo die 166th Infanterie einquartiert ist. Hier beginnt das britische Territorium mit den kanadischen Soldaten. Bad Honnef und das Wunder der sieben Berge, Bonn, eine große Stadt, das Zentrum der riesigen Ziegelschornsteine säumen den Fluß. Hier gibt es private Schulen und viele Landhäuser. Hier gibt es Aktivitäten aller Art, viel mehr als unten in Koblenz. Dann Köln, eine große Stadt mit flachen Häusern, unterbrochen von Kathedralen, Kirchen und öffentlichen Gebäuden. Vor allem die Kathedrale mit ihren steilen Spitzen fesseln uns für einige Minuten.Gegen 16:00 Uhr sind wir wieder zurück in Kripp. Meiser hat einen Brief von zu Hause bekommen, war nur 2 Wochen unterwegs, Rekordzeit, das war noch nie.

Sonntag, 9.März 1919

Heute hatten wir ein Basketballspiel unseres Teams gegen das 168th Bataillion für die Meisterschaft unserer Division. Wir haben 28-10 verloren. Am Abend konnten wir uns das Spiel auf der Leinwand auf dem Kripper Dorfplatz nochmal anschauen.

Dienstag, 11.März 1919

Den schönen sonnigen Tag haben die Landwirte genutzt, um ihre Felder zu pflügen. Kurz nach dem Abendessen kam Sergeant Drawbaugh auf unser Zimmer, auf der Suche nach Wegbegleiter für das Basketballspiel in Andernach zwischen unserem Team und einer Abteilung der 3.Division. Ein Lastwagen voll mit unseren Leuten gehen dorthin. Die 42th Division gewann das Spiel mit 26:28. Albert Cunningham ist in der 7th Infantery der 3. Division, und ich hatte gehofft, ihn beim Spiel zu treffen, da er in Andernach stationiert ist. Wir hatten uns nicht gesehen, zumal wir nach dem Spiel gleich wieder zurück nach Kripp fuhren.

Mittwoch, 12.März 1919

Zahltag

Donnerstag, 13.März 1919

Auf dem Dorfplatz in Kripp das Bataillion Minstrel Show Tweet-TWA. Meiser ist hingegangen

Sonntag, 16..März 1919

Seit einigen Tagen bringen wir unser Quartier auf Vordermann. Wir haben Reinigungs- und Poliermittel bekommen, um in Bereitschaft für eine Inspektion des Generals John J. Perching zu sein.unsere Ausrüstung soll einer Inspektion unterworfen werden und alles wird gesäubert, damit alles in bester Ordnung ist, wenn „Black Jack" durch die Quartiere geht. Die größte Aufmerksamkeit soll aber unserer Kleidung gelten. Der Major versucht alles, dass die Präsentation erfolgreich wird, alle unsere Uniformen und Mäntel wurden gebügelt. Des weiteren wird sichergestellt, dass alle Armstreifen, Abzeichen und Bereichsleiter Insignien ordnungsgemäß vorhanden sind. Viele dieser Überprüfungen haben auch in anderen Bataillonen in den letzten Tagen statt gfunden, um ein einheitliches Bild abzugeben.
Nun endlich, der Tag ist gekommen, wo General Pershing nach Kripp kommt. Ein kalter, feuchter und kühler Tag, aber wir haben Glück, dass die Empfangstruppe hier an den Wohnungen entlang des Rheinufers stehen muss, und so haben wir nur einen kurzen Weg im Gegenzug zu anderen Bataillonen, die einen längeren Weg machen müssen. Es wurden keine Pferde oder zu ziehende Geräte überfrüft, es gilt nur die Inspektion des Soldaten. Bis 10:00 sind wir alle positioniert, der Empfang ist für 11:00 angesagt, soweit die Gerüchte es sagen.
Seit 08:00 Uhr sind die Truppen unterwegs zu ihren Empfangsstellungen. Unser Bataillon ist schon um 09:00 aufgestellt und marschiert über den Paradeplatz um sich als letztes Bataillon zu positionieren. Die Gesichter der ersten Reihe sind nach vorne gerichtet, links die Reihen stehen in einem Abstand von zwei Meter gegenüber. Am Ende der Reihe kommt dann General Pershing, der Kommandeur der amerikanischen Besatzungsarmee gefolgt vom kommandierenden General des gesamten Army Corps, dem General unseres Army Corps sowie die Kommandoführer der Regimenter und Bataillone und den Captains. In der Wartezeit dürfen wir uns bewegen und uns umdrehen, aber nicht die Position verlassen. Die Truppen der Hauptquartiere stehen etwas höher zum Fluss, da wo die Wohnhäuser stehen. Es ist 11:00, es ist 12:00 und kein General Pershing. Wir bewegen uns etwas, um uns warm zu halten. Warum in der Welt kommt er denn nicht, und wenn er am Nachmittag kommt, warum stehen wir denn schon so früh hier. Dieser Besuch des Generals soll der erste Schritt unserer Heimreise sein, und wenn dieser Tag schon so schlecht in der Zeit organisiert ist, wie wird das denn aussehen, wenn wir den Rückzug aus Deutschland antreten sollen.
Mehrere kleine Gruppen von Zivilisten sind hier und da auf den höher gelegenen Flächen versammelt um General Pershing persönlich zu sehen. Um 13:00 ertönt ein Hornsignal von der HDG Truppe, welches jetzt unsere Aufmerksamkeit erfordert. Wir hören die Stimmen der Kompaniechefs und sehen, wie eine Limousine vor uns auf der Straße erscheint.

Der Trompeter bläst den Ruf: „Der General". General Pershing montiert sein Lieblingspferd, einen weißen Schecken, genau, wie es die anderen Generäle auch tun. Dann reitet er im schnellen Galopp um die Außenseite der Division, während die HDG Band Musik spielt. Dann beginnt am anderen Ende die Inspektion. Insgesamt gibt es elf Musikeinheiten, es wird ohne Unterbrechung gespielt.

Um 15:30 erfolgt die Inspektion bei uns. General Pershing beeilt sich, es gibt bei jedem Regiment nur ein oder zwei kurze Stopps, um den Männern Fragen zu stellen, wie schnell sie antworten und wie qualitativ die Antworten sind. Der General lobt die Ordentlichkeit des Machine Gun Bataillons und erklärte dem Captain, dass es das ordentlichste Bataillon gewesen ist, dass er bislang gesehen hatte. Die Inspektion ist um 4:00 beendet. General Pershing steigt auf die Ballustrade eines Gebäudes und hält eine 10 minütige Rede. Er lobte unsere Division und bekräftigte unseren Anteil, diesen Krieg gewonnen zu haben, und er versprach, dass wir alle bald nach Hause kommen werden. Wir bedankten uns bei dem General und sagten ihm, das es das gewesen ist, was wir hören wollten. Oh, boy, wir waren glücklich. Was für ein wunderbarer Tag. Damit löste sich die Ansammlung auf, alle traten den Heimweg an. Manche hatten nur ein bis zwei Kilometer zu marschieren, so wie wir, andere kamen erst gegen morgen an. Und waren sie alle glücklich? Ja, der General sagte, wir kommen jetzt alle nach Hause, nur das zählt für uns. Jetzt haben wir Hunger wie ein Bär, und es tun uns diejenigen leid, die erst morgen früh etwas zu essen bekommen.

Montag, 17..März 1919

Heute ist unsere Division der S.O.S übertragen worden, als Vorbereitung für den Rückzug. Wir sind zwar nur „technisch" in der S.O.S eingegliedert, aber das hindert uns nicht zu sagen:" Wer gewann den Krieg – die S.O.S." In den Zeitungen lesen wir, dass die Bevölkerung von Frankreich, England und den Vereinigten Staaten jeder für sich beansprucht, den Krieg gewonnen zu haben. Sogar hohe Regierungsbeamte dieser Staaten kommen mit irgendeiner Aussage daher, diesen Krieg gewonnen zu haben. Das ist eigentlich zu einfach und dümmlich. Tatsache ist, dass keine von zwei Nationen die Möglichkeit hatte, den Krieg zu gewinnen, ohne eine dritte Nation. Es darf wahrlich bezweifelt werden, dass die Franzosen und die Engländer es ohne die Amerikaner alleine geschafft hätten. Die deutschen Truppen waren gute Kämpfer im Stellungskrieg bei Massenangriffen, aber auch bereit, gerne ihren eigenen Hals zu retten. Was uns Amerikaner angeht, da sollen andere richten.

Saver und ich gingen zum Dorfrand um zu helfen, die Esel und Pferde von Läusen zu befreien. Dazu standen Bottiche voll Wasser bereit, und wir schrubbten sie ab. Die Tiere konnten an die belgische Regierung verkauft werden, und deshalb wurden alle Tiere unserer Division nach hierher gebracht. Die Bottiche sind so schmal, dass sich die Tiere darin nicht drehen können. Hinter dem Bottich müssen sie eine Rutsche runter und bis an das andere Ende schwimmen. Die Rutsche ist an beiden Seiten eingezäunt, damit sie nicht entfliehen.

Dienstag, 18.März 1919

Seit einiger Zeit hat sich Ahrweiler, wo unser Hauptquartier ist, als Sonderstelle für unsere Division entwickelt. Jeden Tag bekommen einige von uns Passagierscheine, um mit den Versorgungswagen einzelne Stellen anzufahren. Letzte Nacht wurde ich von Knox geweckt. Knoy kam gerade von Ahrweiler zurück. Die Schießerei fand in dem Moment statt, wo er in Kripp ankam. Als ich dann heute morgen wach wurde, wusste ich nicht, ob ich geträumt hatte oder nicht, deshalb sprach ich mit meinen Kameraden über den Vorfall. Niemand wusste etwas von der Ankunft Knox in der Nacht. Ich ging zu Knox an das Bett, weckte ihn, um herauszufinden, was geschehen war. Kieth starb in dem Ambulanzwagen auf dem Weg ins Krankenhaus nach Ahrweiler. Wir waren noch am essen, als die Wache Spangler nach unten in die Küche brachte. Er fragte:" Was haltet ihr jetzt von mir?" und niemand hatte die geringste Sympathie für ihn. Kieth hatte ihn geärgert wegen eines alten, rothaarigen deutschen Weibes, dem er freundlich gesonnen war und Spangler, ungebildet und voller Temperament schoss ihn nieder. Das rothaarige Weib hatte ihren Mann im Krieg verloren.

(Spangler wurde von einem Gericht zu 15 Jahren Zuchthaus verurteilt. Spangler wurde von dem Wachpersonal unseres Bataillons gefangen gehalten, bis wir Brest in Frankreich erreichten, wo er übergeben wurde an die Leitstelle in Fort Leavensworth, Kanas.)
Heute hatte es geschneit. Der erste Schnee seit Weihnachten.

Freitag, 21.März 1919

Die letzten drei Tage hat es ständig geregnet und geschneit. Der Schnee schmolz, sobald er den Boden berührte. Heute gab es in Kripp eine Hochzeit. Man konnte frei seinen Kaffee trinken, alle waren heute etwas unbekümmerter als sonst. Man kann hier eine Beerdigung sehr schwer von einer Hochzeit unterscheiden. Natürlich fehlt der Sarg, aber die Leute tragen alle schwarze Kleidung. Nach der Hochzeit wurde ausgiebig getrunken.

Samstag, 22.März 1919

Statt einer Inspektion wurde heute Vormittag geprüft, woran es den Soldaten fehlt und was wir nicht mehr gebrauchen.

Sonntag, 23.März 1919

Ein schöner sonniger Tag. Ein Teil unserer Truppe auf einer Flußfahrt auf dem Rhein. Heute Nachmittag hat ein älterer deutscher Fotograf ein Bild von mir gemacht. In einem Gebäude mit Duschen und Badewannen konnten wir uns heute mit warmen Wasser baden. Wir mussten unsere Pistolen und Munition abgeben, wegen der Schießerei mit Kieth. Red Layman hatte vor einigen Tagen in betrunkenen Zustand fast einen Deutschen erschossen. Die Alabahma Jungs in Sinzig haben wild um sich geschossen, nur um einige Deutsche in heißem Wasser zu halten.

In Koblenz kamen einige Amerikaner mit Deutschen in Streit, und einige Deutsche wurden erschossen. Unsere Leute werden langsam ruhelos, da sie wissen, dass sie ohne die Deutschen schon Zuhause sein würden, aber wenn man die Umstände betrachtet, kommen die Truppen und die Deutschen gut miteinander aus. Die Provinz zwischen dem Rhein, Frankreich und Belgien heißt Rheinland. Hier haben die Menschen weniger Sympathie für den Kaiser und seinen Anhang, als in jeder anderen Provinz. Es gibt ernsthafte Gespräche, Rheinland zu einer separaten Republik zu machen, nachdem der Kaiser nach Holland geflohen ist. „Deutschland über alles" und ihr Hass gegen die Franzosen ist immer noch akut, sie sind arme Verlierer, und sie warten sicher auf eine Chance, in Frankreich wieder einzufallen. Eine Republik ist nie eine Kriegsmaschine, so, wie es eine Monarchie ist. Wir haben die Friedenskonferenz mit Neugierde verfolgt. Wilson verhandelt hart, um die Friedensbedingungen anzuerkennen. Wir wissen nicht, wie die Friedensbemühungen Einfluss haben werden, für unsere Rückkehr in die Heimat, und wir werden das Gefühl nicht los, dass es eher länger dauern wird, als kürzer.
Kirche und Filmabend auf dem Dorfplatz.

Montag, 24.März 1919

Überprüfung unserer Halfter. Körperliche Überprüfung unten in einem Gebäude an der Straße am Fluss. Es schneit fast den ganzen Tag, aber der Schnee schmilzt so schnell, wie er gekommen ist. Aus irgendeinem Grunde wurde unser Quartier die letzten Tage nicht beheizt. So gehen wir ins Dorf, um etwas Koks zu sammeln und Treibstoff zu kaufen. Treibstoff ist knapp und wurde pro Haushaltsvorstand knapp ausgeteilt.
In Kripp gibt es einen kleinen geschrumpften Engländer mit einer kleinen geschrumpften deutschen Frau, die hier seit 9 Jahren miteinander leben. Sie haben ein Kind, ein Junge, 4 Jahre alt, der Liebling unserer Soldaten.
Er kann nicht englisch sprechen, aber wir bringen es ihm bei, als würde ein Papagei englisch sprechen. Der Vater ist so eine Art Hauptbuchhalter und Manager in einer Kripper Fabrik.

Dienstag, 25.März 1919

Heute wieder Schnee, vermischt mit Regen. Teile des Bataillons gehen in andere Orte, um dort Vorstellungen zu geben. Meiser ist heute geimpft worden, andere kommen morgen dran. Wir müssen alle hier geimpft werden, bevor wir nach Hause können. Meiser ist durch die Impfung krank wie ein Hund geworden, und Jones macht sich lustig über ihn.

Mittwoch, 26.März 1919
Schon wieder Schnee und Regen. Die Truppe wird heute nach der Größe der Männer gerichtet. Die größten stehen an der Spitze die Kleineren dahinter. In dieser Formation werden wir bald nach Hause marschieren. Viele bekommen noch vor dem Zubettgehen ihre Impfungen, viele sind krank einschließlich Jones, der am meisten belächelt wird.

Donnerstag, 27.März 1919

Fast jeder ist krank an diesem Morgen. Vielleicht ein Dutzend fühlen sich ok, mich eingeschlossen. So haben wir heute das gesamte Frühstücksbuffet für uns alleine. Humpreys und ich gehen heute alleine nach Sinzig, um uns einige Souvenirs zu kaufen.

Freitag, 28.März 1919

Schneeregen, Platzkonzert auf dem Dorfplatz. Heute bekomme ich meine bilder, die der Fotograf für mich entwickelt hatte.

Samstag, 29.März 1919

Schnee und Inspektion. Wir können es kaum erwarten, bis der Startschuss fällt für den Antritt unserer Heimreise. Wir wissen nicht, wie bald es sei wird, aber jeden Tag mehr verspüren wir Anzeichen, dass es bald los gehen wird. Unruhe und Angst sind allgegenwärtig, dass noch etwas Unvorgesehenes passieren könnte. Es wimmelt überall von Gerüchten. Unsere Abteilung wird die Erste sein, die den Rhein verlässt, dann die 32th, 89th, 90th, 4th, 2nd, 1st, 3rd.

Sonntag, 30.März 1919

An diesem Morgen gehen Meiser und ich zur evangelischen Kirche. Kirche am Abend ist gegenüber dem Dorfplatz. Auch heute wieder Schnee. Die Armee hat gerade eine große Kantine hier in Kripp errichtet. Warum das organisiert wurde, ist uns nicht verständlich, da unsere Rückkehr doch vor der Tür steht. Ja, wir hätten sie früher gebraucht, den ganzen Winter haben wir draußen gesessen, sie sagen jetzt, dass es sich durch den Mangel an Holz verzögert hätte. Oft hatten wir in der kleinen Küche gesessen, oder in der kleinen Scheune auf dem 2 ha großen Garten, wo der Hausmeister des Schlosses Sträucher, Blumen, Gemüse und Rasen verwaltet. Der Hausmeister hat den Boden umgegraben, den ganzen Winter lang, wenn der Boden nicht zugefroren war. Einige von uns hatten seinem Hund eine Blechdose an den Schwanz gebunden, aber der alte Mann nahm nie seinen Kopf aus der Tür. Wir hatten ihn im Verdacht, dass er uns einige Decken und Schuhe aus dem Quartier geworfen hatte.

Montag, 31.März 1919

Am Nachmittag ging ich alleine nach Sinzig. Am Abend hatte unser Bataillon einen Kostümball. Viele der Kameraden hatten sich Frauenkleider ausgeliehen, so richtig zum Lachen. Drei kleinere Männer sahen in den Mädchenkleider ganz schön cool aus. Zur Musik spielte das 165th Infanterieregiment.

Mittwoch, 2.April 1919

Befehl erhalten, dass unsere Heimkehr am Samstag um 09:00 in Sinzig beginnt.

Wir werden der erste Zug sein und wir werden in amerikanischen Lastwagen transportiert, besser als die kleinen, fremden Wagen. Jeder bekam einen leeren Strohsack, für eine komfortable Heimreise. Heute Unterhaltungsshow und Cabaret. Einige von uns waren als Frauen verkleidet, das war wirklich lustig, und es war eine Tradition in der A.F.E.

Donnerstag, 3.April 1919

Noch 2 Tage, oh Boy. Inspektion des Bataillons unten am Rheinufer. Salisbury überprüft unsere Messer, Gabel und Löffel. Wenn wir meckern, schreit er lauter. Wenn es auf dem Dorfplatz Candy oder Cookies geben sollte, dann wird jeder von uns einen Anteil bekommen.

Freitag, 4.April 1919

Wenn der Befehl nicht geändert wird, dann geht es morgen los.
Kücheninspektion, Inspektion der Männer unten auf der Straße am Rheinufer. Dann haben alle von uns noch ein Bad genommen und unsere Quartiere gesäubert.

Samstag, 5.April 1919

Um 05:00 in der Frühe sind wir alle beschäftigt, unsere Rucksäcke zu packen und zu verschnüren. Um 08:30 ergeht der Marschbefehl. Wir schauen nicht mehr zurück auf unser Quartier. Wir gehen singend durch Kripp, die meisten Bewohner stehen an den engen Straßen, um uns zu verabschieden, und viele Kripper haben Tränen in den Augen. Wir gehen über Felder, wo die Ahr in den Rhein mündet, Richtung Sinzig. Dort stehen die Trucks bereit, um uns nach Brest zu bringen, zu unserem Schiff.

Das Kripper Gericht zur Zeit des Kulturkampfes

von Willy Weis / Hildegard Funk

Dem Kripper Völkchen wird seit eh und je von den Bewohnern umliegender Ortschaften nachgesagt, dass es für seine Aufmüpfigkeit und seine provokante Sturheit recht bekannt sei. Die nachfolgende Begebenheit aus der Zeit des Kulturkampfes spiegelt eindrucksvoll die damalige Situation und die Loyalität der Ortsbewohner zur katholischen Kirche wider. Insbesondere zeigt sie, mit welchen Mitteln sich die Rheinländer gegen die verhasste preußische Obrigkeit wehrte. Die Geschichte begann, als bekannt wurde, dass sich der Weihbischof Dr. Krafft am 23. Mai 1876 während einer Visitationsreise in Linz aufhalten würde.

Geplanter Bischofsempfang

In dieser Zeit waren offizielle Empfänge kirchlicher Würdenträger bei empfindlicher Strafe untersagt, ebenso das Schmücken der Häuser aus kirchlichen Anlässen.Die Freude der Bevölkerung über den angesagten Besuch des Weihbischofs war jedoch derart groß, dass die Linzer Schiffergilde, an der Spitze der Fährmann Rahm, beabsichtigte, trotz amtlichen Verbotes den kirchlichen Würdenträger mit einem Empfang zu würdigen.Verrat sorgte jedoch dafür, dass dieses Vorhaben den Behörden nicht unbekannt blieb. Daraufhin warnte der Linzer Bürgermeister Lerner den Fährmann Rahm eindringlichst unter strengster Strafandrohung, eine Begrüßungsfeier in Linz zu Ehren des Bischofs abzuhalten. Rahm, der nunmehr die offizielle Begrüßung nicht mehr in Linz ausführen konnte, ersann einen neuen Plan, ohne jedoch diesmal die Schiffergilde in Kenntnis zu setzen. Den Bürgermeister beruhigte er mit unschuldiger Miene, indem er diesem versicherte, die Begrüßungszeremonie in Linz finde nicht statt.
Um sein neues Vorhaben zur Ausführung bringen zu können, weihte er nur drei verschwiegene Kripper ein, die Gebrüder Breuer, die wegen ihrer aufmüpfigen Mentalität für „Späßchen" jeglicher Art gegen die verhasste Obrigkeit stets zur Mithilfe bereit waren, und einen Nachtwächter.

Lichterspektakel in Kripp

Rahm engagierte auf rechtsrheinischem Gebiet einige Teertonnen und transportierte diese, in einer Schalde hinter der Gierponte hängend, auf die linke Rheinseite nach Kripp. Bei Einbruch der Dunkelheit zündeten die Kripper die Teertonnen am Rheinufer an, und der Bischof konnte sich während des Abendessens in Linz an den lodernden Flammen und dem widerspiegelnden Farbenspiel auf den Fluten des Rheins erfreuen. Seine Freude nahm zu, als er erfuhr, dass dieses Lichtspektakel ihm zu Ehren veranstaltet wurde. Der Bischof veranlasste, dass der Kripper Kirchengemeinde sein Dank ausgesprochen wurde. Die unterdessen wutschnaubend am Linzer Rheinufer auf und ab galoppierenden Gendarmen riefen vergeblich dem Fährmann, um ans Kripper Rheinufer zum Löschen der Teertonnen übergesetzt zu werden. Dieser aber lag mit seiner Ponte am gegen-überliegenden Ufer und freute sich diebisch über das gelungene Werk. Der Rhein, als natürliche Barriere, hatte sich also als Mithelfer erwiesen.

Die Auswüchse dieses politischen Streiches wurden Gegenstand einer vom Landrat zu Ahrweiler angeord-neten Gerichtsverhandlung auf Antrag des Neuwieder Landrates, der den Fall mit der Bitte um Aufklärung zuständigkeitshalber dem linksrheinischen Kreis-chefs übertrug.

Foto zeigt als zweites Haus das 1903 abgebrannte Hotel, das als Rheingold-Hotel wieder aufgebaut wurde. In diesem Haus tagte das "Kripper Ortsgericht"

Nachspiel Gerichtsverhandlung Kripp

Aus Angst, dass sich die angestaute Aggressivität der Kripper Bevölkerung gegen die Obrigkeit auf die Kreisbevölkerung übertragen könnte, wurde zur Vermeidung einer Eskalation die Verhandlung vor Ort in Kripp geführt.

Als Gerichtssaal diente das Lokal der damaligen Gaststätte Hertgen am Kripper Rheinufer, dem heutigen Hotel „Arte". Der Zusammenhalt und die Verschwiegenheit der Angeklagten sorgten für einen prozessualen Eklat, denn die Angeklagten, nicht auf den Mund gefallen, parierten die Fragen der Obrigkeit mit Bauernschläue und rheinischer Gelassenheit.

Nachfolgende recht amüsante Vernehmung mit der gespielten „Unwissenheit" der Angeklagten geben die Unterlagen der Ortschronik wieder, aus der vor-trefflich die unerschütterliche Ruhe der Kripper zu erkennen ist, die den Vorsitzenden zur Weißglut brachte, aber zur Sache nichts beitrug.

Zeugenaussagen

Als Angeklagte erschienen die drei Gebrüder Breuer, der Nachtwächter und der Fährmann Rahm. Als erster wurde der 64 jährige Edmund Breuer vernommen. Auf die Frage, was er über diesen Vorfall wisse, erklärte er; " *Jo, ühr Häre, do hat ech kein Ahnung vun, ech hat des mettags e klein Ferkel krich und hann stundelang Arbeit domit gehat, ech han üverhaup vun dem janze fürgessen!* "
(Ja, ihr Herren, da weiß ich nichts von. Ich habe mittags ein kleines Ferkel bekommen und habe stundenlang Arbeit damit gehabt, ich habe ohnehin alles vergessen)

Als nächstes erklärte der 60 jährige Adolf zur Sache. *„Wat soll ech davon wesse? Ech soß in de Köch und hat ming Pief angemach, do hoor ech, wie drusse alles bäken dääht, am Ring brennt es. No, dooch ech, jank och emol sehn, un söns weiß ech och vun nix, ühr Häre.".* (Was soll ich davon wissen? Ich saß in der Küche und habe meine Pfeife angemacht, da hörte ich, wie draußen alles schrie, es brenne am Rhein. Na, dachte ich mir, geh auch mal nachsehen, und sonst weiß ich auch nichts davon, ihre Herren.)

Aufgrund der bisherigen „sachlichen" Aussagen wurde der 49 jährige Johann besonders scharf attackiert und erklärte mit der reuigsten Miene der Welt:" *Uehr lev Häre, ech soß an dem Ovend om Hüsge, hat minge Rehme om de Hals jehange un wor esu für mich hin am dussele, do kütt op einmol ming Frau und schreit: Hannes kom flöck eruss, et brennt! Do künnt ühr öch denke, dat ech flöck op ming Bein kohm. Wie ech noh sooch dat et e paar Täärtunne wohre, do wor ech beruhig. Äweer, wenn ech üch sage soll, wie dat passeert eß, dat kunnt ech nit. Et eß jo en Gemeinheit, einer esu verschreck zemaache.* "
(Ihr lieben Herrn, ich saß an dem Abend zu Haus auf dem Abort, hatte meinen Leibriemen um den Hals gehangen und war so vor mich hin am dösen, da kommt auf einmal meine Frau und schreit: Hannes, komm schnell heraus, es brennt! Da können sie sich denken, dass ich flink auf meine Beine zu stehen kam. Wie ich nun sah, dass es ein paar Teertonnen waren, da war ich beruhigt. Aber, wenn ich ihnen sagen soll, wie das passiert ist, das kann ich nicht. E ist ja eine Gemeinheit, jemanden so zu erschrecken.)

Nach dem Nachtwächter, der überhaupt nichts gesehen hatte, wurde der Fährmann vernommen. Auf die Frage, wen er einer solchen Tat für fähig halte, erwiderte er treuherzig:" *Herr Richter, wenn ech offe spreche soll, dann haalen ech de Nachswächter, de Voirsteher un die drei Bröder allzusamme dafür fähig, awer mer welle doch keine zo Unrech verurdeile!* " (Herr Richter, wenn ich offen sprechen soll, dann halte ich den Nachtwächter, den Vorsteher und die drei Brüder allesamt einer solchen Tat für fähig, aber wir wollen doch keinen zu Unrecht verurteilen!)
Nachdem der Richter gemerkt hatte, dass er sich an der Kripper Sturheit die Zähne ausbiss, beendete er vor lauter Verzweiflung und insgeheimer Wut ergebnislos die Verhandlung mit den Worten;" *Schluss!- aus dieser Bande ist doch nichts heraus zu bekommen.* "

Über die Nachricht der juristischen Niederlage der Obrigkeit brach Freude und Begeisterung unter den Linzern und Krippern aus und gab hüben wie drüben Anlass zu feuchtfröhlichen Feiern.

Diese historische Gerichtsverhandlung hat im Kripper Bewusstsein einen festen Platz eingenommen. Ob sie allerdings Anlass für das stets in Kripp beginnende Lichterspektakel „Rhein in Flammen" ist, dürfte fraglich sein.

Quellen

Chronik von Kripp 1982, anlässlich des Bestehens JGV v. H.P.Kürten
Unbekannter älterer Zeitungsausschnitt, ohne Datum und Namensangaben
Heimatjahrbuch Kreis Ahrweiler 1999."Das Kripper Gericht zur Zeiten des Kulturkampfes". S91-95, Willy Weise & Hildegard Funk
Stammbaum des Kripper Schiffers Anton Breuer von 1812 – 1837

Die Ahrbrücken in Kripp

von Willy Weis / Hildegard Funk

Flussregulierungen und Brücken im Ahrmündungsbereich.

Legende
Im Ahrmündungsbereich befand sich stets ein Flussübergang, der die Gemeinde Sinzig mit der Gemeinde Remagen am Ortsteil Kripp verband. Sie war und ist die letzte Brücke im Flussverlauf der Ahr, unmittelbar vor dem Einfließen in den Rhein gelegen und galt als Leinpfadbrücke an der Ahrmündung. Ganze Heerscharen von Treidel-schiffern, die ihre Schiffe an Leinen vom Ufer aus mit Pferden bergwärts zogen, dürften über hunderte von Jahren diese damaligen Brückenstege passiert haben.
Die Pflege des Leinpfades und der Brücken waren aufgrund der Zolleinnahmen ein damaliges Muss der Treidelschiffer und militärisch gesehen gewährte die Brücke beim Rückzug napoleonischer Truppen nur kurzfristig „eine wichtige militärische Position; deshalb fanden auch bei dem Vorrücken der Verbündeten im Januar 1814 einige Scharmützel bei derselben Statt, als die Franzosen, nach dem Übergange der Verbün-deten über den Rhein, noch einige Tage lang sich am linken Ufer der Ahr zu halten versuchten."[1]

Das sich nachweislich im Mündungsbereich über der Ahr schon eine Brücke befand ergibt sich aus der Tatsache, dass bereits schon 1830 zur Überwachung und Unter-haltung der Treidelpfade ein Strommeister eingesetzt und 1841 von Kripp aus der Neuausbau des Leinpfades bis hin zur Ahrmündung erfolgte. Der Anschluss an den Leinpfad im Ahrmündungsdelta erfolgte über die 3 Hauptarme der Ahr mit Holzbrücken von je 41,4 m, 54,5 m und 18,8 m in 3 m Höhe über dem Normalwasser, die nach der Ahrmündungs-regulierung 1855 durch eine neue 71 m lange Brücke mit massiven Widerlagern und hölzernem Oberbau mit erhöhten Leinpfad in Höhe von 5m Koblenzer Pegel und mit 3,80 m Kronenbreite bis zum Anschluss an den alten Leinpfad ersetzt wurde. [2]
Dabei dürfte nach dem Rückgang der Treidelschifffahrt diese Brücke den zukünftigen Bedürfnissen ange-passt und einspurig für Pferde- und Ochsenfuhrwerke konstruiert worden sein. Hier sei angemerkt, dass sich vor dem I. Weltkrieg ein Unfall in der Form zugetragen hat, indem durch Unachtsamkeit eine Kutsche mit Pferd und Kutscher mittig von der Brücke in die Ahr gestürzt sein soll. [3]
Bevor jedoch die 1851 gegründete Rhein-Strombauverwaltung 1855 mit einem wasserbaulichen Eingriff die Ahr künstlich mit einem 565 m langen einbettigen Strom-bett von 33,90 m Sohlenbreite unter Anlehnung an das stromab gelegene Hochufer spitzwinklig zum Rhein verlagerte und mit einer 71 m langen Brücke überspannte, mündete die Ahr durch eine sumpfige Niederung rechtwinklig in Deltaform gefächert mit drei Mündungsarmen in den Rhein. [4]

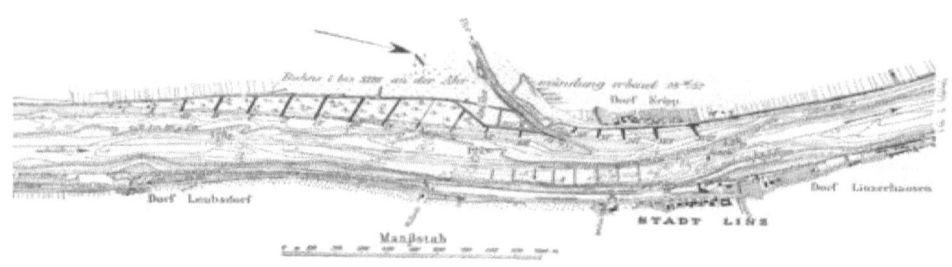

Das Ahrmündungsdelta bei Kripp um 1800
Tranchot-Karte, Linz 5409, „©GeoBasis-DE/LvermGeoRP2011-12-07"

Beim näheren Betrachten der obigen Kartierung von Kripp wird deutlich das verwilderte Flussbett der Ahr im Mündungsbereich vor der Flussregulierung ersichtlich.
Deltaförmig fließt die Ahr dort unweit der Gemarkungsgrenze mit abwechselnd verweigenden und in sich wiedervereinigenden, teils gegen die Fußrichtung mäandrierenden Flussarmen in den Rhein. Durch den Zustand der Mündungsverschleppung brachte das unkontrollierte Geröllgeschiebe des Ahrschwemmkegels im Rheinbett für die Schifffahrt stets zunehmende Probleme mit sich. Langjährige Hochwassergeschübe der Ahr drückten den Rhein gegen den Steilhang bei Linz und verursachten mit seiner dort eingeengten Fahrrinne und seinen verursachten Fehltiefen eine gefahrvolle Behinderung der Rheinschifffahrt.

Regulierungsmassnahmen
Um dieser stets wiederkehrenden Gefahr künftig entgegenzutreten, wurden im Ahrmündungsbereich 18 Buhnen (Kribben) rechtwinklig in den Strom hinein als Regulierungsbauwerke durch die Rhein-Strombauverwaltung errichtet.
Diese nadelartige Querbauwerke als Strombrecher wurden erfahrungsgemäß an einer Stelle errichtet, um dort als künstliche Flussverengung den Stromdurchfluss zu beschleunigen und durch die veränderte Schubkraft des Wassers für das Abschwemmen des hier angelagerten Gerölles und dessen Weitertransportes rheinabwärts zu sorgen und somit die Sohle tief zu halten. So wurden im Jahre 1856 und 1857 das linke Rheinufer oberhalb und unterhalb der Ahrmündung bis auf 282 m vom rechten Ufer durch den Bau von 18 Buhnen, deren Kopf auf +3,50 m Linzer Pegel und deren Wurzel am Leinpfade auf 5 m Linzer Pegel gelegt wurde, vorgeschoben. Davon lagen 13 Buhnen oberhalb und 5 Buhnen unterhalb der Ahrmündung. Der Abstand der Buhnen wurde auf 132 m bemessen und das an der Brücke befindliche Richtwerk an der Ahrmündung um 94 m verlängert.
Nach einer Abgrabung des linken Ufers im Jahre 1871 wurde dann im Jahre 1883 mit dem Bau von acht Grundschwellen vorgegangen, deren Kronen auf minus 6 m Linzer Pegel gelegt wurden.

Die Entfernung der Grundschwellen untereinander wurden auf 80 m, die Krone derselben auf 4 m bemessen. Die vorhandene Kiesbank an der Ahrmündung wurde bis minus 1 m am Pegel und bis auf 150 m vom rechten Ufer ab fort gebaggert und der vor dem Linzer Bach liegende Schuttkegel ebenfalls durch Baggerung beseitigt. Dabei wurden die gewonnenen Bodenmassen zum Ausbau des rechten Ufers, zur Ausfüllung der am linken Ufer gelegenen Buhnenintervalle und vor dem Dorfe Kripp verwendet.

Eine Beseitigung der Kiesbank vor der Ahrmündung bis auf 200 m vom rechten Ufer wurde im Jahre 1885 vorgenommen und die gebaggerten 146 596 m³ Kies zum Ausbau der Eisenbahn verwendet. 5) Spätere gemeindebaulichen kleinere Ahrregulierungen oberhalb der Ahrmündung mittels Verwendung von Fasch-inen verringerten die Geschiebemassen der Ahr im Rhein.
Nach der 3 Meter breiten für Tiergespanne zugelassenen Brücke kam eine schmälere mit Holzbohlen beplankte aufliegende Eisenbrücke. Über das genaue Baujahr konnte bisher nichts in Erfahrung gebracht werden. Es dürfte jedoch kurz nach dem Ersten Weltkrieg vermutet werden. Die auf Fotos recht auffallenden der rechts und links überstehenden Balken der Auflagentraversen dürften jedoch von dem Auflager der ehemaligen Brücke zeugen. Genau wissen wir es aber nicht!

Diese Brücke hielt nur bis 1984 stand, nachdem ein extremes November-hochwasser Teile des Radwander-weges im südlichen Brückenbereich samt Baumbestand von der Größe eines Fußballfeldes wegschwemmte und die Brücke instabil wurde.
Der neu ausgebaute Radwanderweg des Leinpfades war somit jäh unterbrochen und die Benutzer mussten einen Umweg bis zum Sinziger Sportplatz unternehmen, um trocken-en Fußes über die Ahr zu kommen. Eine Schadensbesichtigung vor Ort erfolgte am 25.1.1985 durch 18 Vertreter zuständiger Behörden, angefangen von der Unteren Wasserbehörde des Kreises bis hin zum Bundesministerium für Ernährung, Landwirtschaft und Forsten - mit einer Abschlussbesprechung im Kripper Hotel "Fährhaus". Pro und Contra wurde dabei in die Waagschale geworfen.
Während die Wasser- und Schifffahrtsverwaltung des Bundes als Eigentümer der Ufergrundstücke unter dem Aspekt des Gefahrenhinweises für die internationale Schifffahrt ihr Veto einlegte, plädierten die Vertreter von Natur und Umweltschutz für den Abriss der beschädigten Brücke und einer Neuverlegung der Brücke oberhalb des Mündungsbereiches in Höhe des Sendemastes und des Klärwerks Sinzig, um das Naturschutzgebiet unberührt zu lassen. Die Vertreter der Städte Sinzig und Remagen sprachen sich dagegen für den Neubau einer Brücke an alter Stelle aus. Diese Forderung könne sich auf ein Gewohnheitsrecht stützen, zudem solle die Naherholungsfunktion durch den kurz vorher ausgebauten Radwanderweg auf dem früheren Leinpfad erhalten bleiben. Dieses Anliegen wurde mit einer gemeinsam verfassten Resolution aller Fraktionen des Kripper Ortsbeirates unterstützt und den entsprechenden Behörden mit Dringlichkeitsvermerk zugeleitet.
Eine in Sinzig gegründete Bürgerinitiative "Rettet den Brückensteg" unterstützte den Stadtrat mit über 1000 Unterschriften. Der emotionell geladenen Kripper Bürgerschaft fehlte ebenfalls jegliches Verständnis für eine Verlegung der Ahrbrücke und bekundete dies mit 500 Unterschriften.

Nach zähem Ringen gab man dem Anliegen der Bürgerschaft nach. **6)**

Neue Ahrmündungsbrücke

Nach den immer wiederkehrenden Hochwasserdesastern sollte nun eine Brücke gebaut werden, die auch auf Dauer hielt, um die bisherigen jährlichen Folgekosten von 30.000 bis 50.000 DM für aufwendige Brückenreparaturen auszuschließen.

Der Rat der Stadt Sinzig beschloss daher den Bau einer Ahrbrücke in "schwerer" Ausführung aus tropischen Bongossiholz, die Ahr überspannend sich harmonisch in das Landschaftsbild einfügen sollte. Bauwerk, Natur und Landschaft waren in Einklang zu bringen. Mit den Gründungsarbeiten des mittigen Strompfeilers und der beidseitigen Uferlager in Betonausführung mit Bruchsteinverblendung wurde bei günstigem Wasserstand begonnen. Über die Kripper Quellenstraße wurden die von der Sinziger Holzbaufirma Schmickler in achtwöchiger Bauzeit vormontierten 2 Brückenteile von je 20 Tonnen Gewicht und 20 m Länge, 2,6 m Breite und 3,05 m Höhe mit Spezial-tiefladern bis zur Ahrmündung transportiert, wo ein 40 t Kran sie in die endgültige Positionen der vorbereiteten Auf-nahmelager hievte. Über 3.500 Edelstahlschrauben sorgten für den nötigen konstruk-tiven Zusammenhalt. Nach kurzer Montagezeit wurde der Holzboden eingearbeitet und ein Satteldach aus kanadischen Holzschindeln diente als Regenschutz. Am 10.8.1988, nach fast dreijährigem Umweg, konnte die direkte Verbindung des Leinpfades zur Freude der Radfahrer, Wanderer und Kripper Bevölkerung wieder benutzt werden. Die Kosten beliefen sich auf 708.722,- DM, von denen 641.750,- DM zuwendungsfähige Kosten waren. Die 70% ige Hilfe des Landes betrug 449.225,- DM und der 15% ige Kreisanteil 96.262,- DM. Der Zuschuss von der Stadt Remagen betrug 25.000,- DM. Somit verblieb der Stadt Sinzig noch ein Anteil von 138.285,- **7)**

Quellen:

1) „Eifla Illustrat", J.F. Schannat, Leipzig 1852, S. 566

2) "Der Rhein aus der Sicht des Kreises Ahrweiler", H. Schmalz, Sinzig 1967, Manuskript Kreisarchiv Ahrweiler

3) mündliche Überlieferung durch Josef Marx, Kripp

4) Tranchot Karte Nr. 5409 (Linz/Rhein), „© GeoBasis-DE/L vermGeoRP2011-12-07"

5) Mündl. Angaben RAR Melchers Strombauverwaltung, Aussenstelle Brohl nach Unterlagen von Jasmund

6) Rhein-Zeitung Nr. 27 vom 1.2.1985, Rhein-Zeitung vom 4.5.1985, sowie Einsichtnahme in die Handakte des damaligen Ortsvorstehers Christian Iven, Kripp

7) Einsichtnahme Handakte des damaligen Ortsvorstehers Christian Iven, Kripp

Besichtigungsteilnehmer 25.1.1985

1.) Bundesminister für Ernährung, Landwirtschaft und Forsten (Bonn)

2.) Ministerium für Soziales, Gesundheit und Umwelt (Mainz)

3.) Landesamt für Umweltschutz und Gewerbeaufsicht Rheinland-Pfalz (Oppenheim)

4.) Wasser-und Schifffahrtsamt (Bingen)

5.) Wasserwirtschaftsamt (Koblenz)

6.) Obere Landesbehörde der Bezirksregierung Koblenz

7.) Stadt Sinzig

8) Kreisverwaltung Bad Neuenahr-Untere Wasserbehörde-Untere Landespflegebehörde-Referat Fremdenverkehr

Kripp aktuell 2015

von Horst Krebs

Förderverein der Feuerwehr Kripp
Spende an die Einsatzabteilung übergeben

Nach dem Tag der offenen Tür der Feuerwehr Kripp und des Fördervereins konnten aus dem finanziellen Erlös des Tages kürzlich wieder einige Ausrüstungsgegenstände vom Förderverein der Feuerwehr Kripp angeschafft werden. Der Vorstand des Fördervereins, um den Vorsitzenden Klaus Hüppen und seinen Stellvertreter Jürgen Blüher übergaben vor einigen Tagen im Gerätehaus eine Schleifkorbtrage, eine neue Motorsäge und eine Werkzeugkiste an die aktive Mannschaft der Feuerwehr Kripp.

Quelle: Blick aktuell 10.01.2015

Karnevalssitzung der KG Kripper Fente
Kartenvorverkauf beginnt

Traditionell veranstaltet auch in der Session 2014/2015 die KG Kripper Fente wieder am letzten Samstag vor dem Weiberdonnerstag und dem Beginn des Straßenkarnevals ihre bunte und abwechslungsreiche Karnevalssitzung. Unter dem Motto „Es war einmal ein Pinguin, der war gar so allein. Nun feiert er mit Kripper Fente den Karneval am Rhein" wird am Samstag, den 7. Februar ab 19 Uhr, wieder die gemütliche Sitzung im Gasthaus Rhein-Ahr (Schremmer) stattfinden. Karten können im Vorverkauf auf dem Frühschoppen des Vereins am 18. Januar ab 11.11 Uhr erworben werden. Anschließend kann man sie auch direkt bei dem Präsidenten des Vereins, Herrn Wilfried Brüssel, Tel.

(02642) xxxx oder an der Abendkasse ab 18 Uhr erwerben. Der Eintrittspreis für die Sitzung liegt bei 9 Euro. Als Sitzungsmoderator wird wieder Herr Dieter Breuer in bewährter Weise durch das Programm führen. Der neu gegründete Sitzungsausschuss der KG Kripper Fente hat es direkt in seinem ersten Jahr geschafft, wieder ein abwechslungsreiches und vielfältiges Programm auf die Beine zu stellen. So werden einige Tanzgruppen aus nah und fern erwartet und werden das Publikum mit viel Show und tänzerischen Höchstleistungen das Publikum sicherlich in Staunen versetzen. Natürlich haben sich auch die Tanzgruppen des SV Kripp angekündigt. So wird unter anderem auch das Tanzpaar aus Kripp, Clara Koep und Jeremy Shepard, seine Trainingsergebnisse präsentieren.

Quelle: Blick aktuell 09.01.2015

SV Kripp lädt zur Prunksitzung ein
Restkarten im Vorverkauf
Großes Programm mit den Kölner Rheinveilchen, der Gulaschkapell
Jetzt Restkarten im Vorverkauf sichern

Auch in der neuen Session 2014/15 lädt der SV Kripp zu seiner großen Prunksitzung am Samstag, 24. Januar, ab 19.11 Uhr, in die Kripper Sporthalle, ein. Wie in den Jahren zuvor ist es SV-Vorsitzende Bianca Schmitt und Marc Göttlicher wieder gelungen, ein tolles Programm auf die Beine zu stellen.

Die Kripper Narren können sich in diesem Jahr unter anderem auf die Gulaschkapell freuen. Die Gulaschkapell aus Erpel wird für ausgelassene Stimmung sorgen und lässt garantiert nichts anbrennen. In ihrer Musik verschreiben sich die 20 Musiker voll und ganz dem rheinischen Karneval und spielen die Hits der großen Bands aus Köln. Musikalisch werden des Weiteren die Kölsch-Rockband F!ASKO und De Leddeköpp, die Partykracher aus dem Siebengebirge, den Kripper Narren einheizen. Für die Lacher des Abends werden „Der Een on der Anne" sorgen, die in diesem Jahr als „Super Fastnachter" in der Kategorie Redner im SWR-Fernsehen ausgezeichnet wurden. Ebenfalls in der Bütt mit dabei sind Rainer Groß und Wolfgang Krupp, die als „Ahrtalblömche" die Lacher auf ihrer Seite haben werden.

Für den tänzerischen Höhepunkt des Abends sorgen die Kölner Rheinveilchen. Mit beeindruckenden Würfen und Hebungen verzaubern sie nicht nur die Gäste in den Sälen, sondern zeigen auch tänzerische Akrobatik auf höchstem Niveau. Als eine der besten Tanzgruppen sind sie mittlerweile europaweit bekannt. Einen weiteren tänzerischen Leckerbissen servieren die Grün-Weißen Funken vom Zippchen aus Kölsch-Büllesbach.

Von der „Schälsick" wird das Stadtsoldatencorps Rut-Weiß Linz mit ihrem Musikzug, der Männertanzgruppe und dem Tanzpaar in die Kripper Narrhalle einmarschieren und für beste Unterhaltung sorgen. Mit Freude dabei sind selbstverständlich auch die vereinseigenen Kräfte des SV Kripp, die Stadtsoldaten/Prinzengarde wird sich mit ihren verschiedenen Formationen präsentieren.

Quelle: Blick aktuell 16.01.2015

Übergabe des Ehrenmals für die Gefallenen
Neuer Standort für altes Ehrenmal
Willy Weis und Hildegard Funk übergaben das Ehrenmal an Herbert Georgi

Das Ehrenmal für die Gefallenen des Ersten Weltkrieges der Kripper Lederfabrik befindet sich seit Mitte Oktober vergangenen Jahres auf dem Ehrenfriedhof des Kripper Friedhofes. Nun wurde das Ehrenmal offiziell von Willy Weis und Hildegard Funk im Beisein von Ortsvorsteher Heinz-Peter Hammer an Bürgermeister Herbert Georgi übergeben. Das Ehrenmal stand bis Ende 2012 auf dem Fabrikgelände der ehemaligen Kripper Lederfabrik in unmittelbarer Nähe des an der Ecke Quellenstraße/Römerstraße befindlichen damaligen Bürogebäudes. Geschaffen wurde es um 1921/22 vom damaligen jungen Künstler Ewald Mataré, den die damalige Existenznot Ende des Ersten Weltkrieges nach Kripp verschlagen hatte.

Quelle: Blick aktuell 31.01.2015

Kripper Möhneschar feierte ausgelassen
„Atemlos, schwindelfrei - Glücksgefühle mit dabei"

Atemlos, schwindelfrei - Glücksgefühle mit dabei". Unter diesem Motto startete am Weiberdonnerstag pünktlich die Möhnesitzung im ausverkauften Saal des Gasthauses Rhein-Ahr. Schon die Begrüßung durch die drei Obermöhne Gudrun Ruf, Monika Knebel und Ursula Weißenfels riss das jecke Weibervolk von den Stühlen. „Oma u. Opa in der Disco" hieß die erste Nummer, bei der Teresia Seifer und Dagmar Koep bewiesen, dass mit 66 Jahren noch lange nicht Schluss ist. Sie rockten zu heißen Rhythmen als Rentnerpärchen den Saal. Weiter ging es mit vollem Schwung im „OP-Fachmarkt". Ob Entbindung im Hauruck-Verfahren, Herz-OP „do ist yourself" oder eine missratene Heim-OP, da war alles im Angebot, so dass Heike Freitag, Bianca Brüssel, Gudrun Ruf, Ilkha Peters, Dagmar Koep, Monika Knebel und Hiltrud Thiemann wieder zeigten. „Lachen ist gesund".

Kripper Möhneschar feierte rundum gelungene Sitzung. Wasserturm-Möhne auf der Bühne
Foto: -AB

Quelle: Blick aktuell 13.02.2015

Freiwillige Feuerwehr Kripp
Heißausbildung bei I.R.F.T in Kühlsheim

Bereits am frühen Morgen gegen 4.30 Uhr starteten 14 Angehörige der Freiwilligen Feuerwehr Kripp zur langen aber lohnenden Fahrt nach Kühlsheim. Bei International Fire&Rescue Training kurz I.F.R.T angekommen begann bereits um 7.30 Uhr der interessante und auch lehrreiche Tag mit einem kurzen theoretischen Teil, um dann nach einem Snack zum eigentlichen und auch bereits heiß erwarteten Hauptteil der Heißausbildung zu kommen. In Verschiedenen teils über Stockwerke verfügende Brandcontainer wurden auf interessante und anschauliche Weise unter realen Bedingungen „HEISS" geübt. Zuerst wurde in einem Wärmegewöhnungscontainer wie der Name es schon sagt sich an die Hitze gewöhnt, aber auch die Abläufe einer Verbrennung und deren Besonderheiten wurden auf eindrucksvolle Weise veranschaulicht. Im Anschluss wurden in zwei Gruppen Löschtechniken und Vorgehensweisen im Innenangriff in den verschiedenen Brandcontainern aber auch der richtige Umgang mit Hohlstrahlrohren und Wärmebildkamera ausgiebig trainiert. Nach einem reichhaltigen Mittagessen wurde in einem mehrgeschossigen Container unter zu Hilfename einer Wärmebildkamera das Absuchen von heißen/verrauchten Räumen nach Personen und auch das setzen eines mobilen Rauchverschlusses geübt.

Einen erfolgreichen und lehrreichen Tag
avsolvierte die Freiwillige Feuerwehr Kripp in Kühlsheim.

Nach einem langen, anstrengenden, heißen aber auch vor allem lehrreichen Tag traten die Kameraden der Kripper Wehr um 17.30 Uhr die Rückfahrt an. Besonderer Lob gilt dem Förderverein der Freiwilligen Feuerwehr Kripp und dessen Unterstützern denn sie haben dieses Training durch die Übernahme der Kosten erst möglich gemacht. Dies zeigt auch das die finanzielle Unterstützung der Kripper Bürger an den Förderverein der FFW Kripp immer wieder in sinnvolle Gerätschaften und Ausbildung der Feuerwehr Kripp investiert wird, sodass dies für alle Bürger im nicht gewünschten Ernstfall einen hohen Nutzen hat.

Quelle: Blick aktuell 14.03.2015

Bücherei der katholischen Kirchengemeinde Kripp
Mit „Nepomuk Bibfit" zum Bibliotheksführerschein

Unter dem Motto „ ICH BIN BIBFIT - der Bibliotheksführerschein für Kindergarten-kinder" startete die Bücherei der katholischen Kirchengemeinde Kripp im Herbst des letzten Jahres erneut eine Aktion zur frühen Leseförderung. So wurden 13 Kinder des Kindergartens „St. Johannes Nepomuk" und 9 Kinder des Kindergartens „Pusteblume" in den vergangenen Wochen in die Welt der Bücher eingeführt. Mithilfe der Handpuppe „Nepomuk Bibfit" lernten sie die Ausleihmöglichkeit von Medien zur Unterhaltung und Information kennen, erlebten, dass die Bücherei vielfältige Angebote hat, ein interes-santer Aufenthaltsort ist und dass Lesen Spaß macht. Bis zur Einschulung soll so der frühe Umgang mit Büchern und der Bücherei eingeübt werden. So wurde auch aus verschiedenen, altersgerechten Kinder- und Bilderbüchern vorgelesen. Besonders großen Spaß machte den Kindern das Bilderbuch vom „Nachtwächter", welcher durch Köln zieht. Das Besondere an diesem Bilderbuch ist der Text, welcher einmal in Hochdeutsch und einmal im kölschen Dialekt verfasst ist.

Was eine Bücherei so alles zu bieten hat und welche Geschichten in so manchem Buch stecken, das und vieles mehr erfuhren die Kinder bei der Aktion zum Bibliotheks-führerschein in Kripp. *Foto: privat*

Quelle: Blick aktuell 21.03.2015

Mit Boule-Spielen die Kameradschaft pflegen

Die Altersmannschaft der Freiwilligen Feuerwehr Einheit Kripp traf sich kürzlich zum Boule-Spielen auf der Anlage in Kripp. Diese Zusammenkunft wird schon seit der Eröffnung des Bouleplatzes, alle drei Wochen von März bis September durchgeführt um sich sportlich zu betätigen und um die Kameradschaft zu pflegen. Im Anschluss setzen sich alle gemeinsam noch gemütlich zusammen, um weitere Aktivitäten für das Jahr zu planen.

Quelle: Blick aktuell 21.03.2015

Jubel auf dem Kripper Schützenplatz
Fabio Loga schoss sich zum neuen König
Frank Schmitt ist neuer König der Inaktiven

Sehr gut besucht war trotz kühler Temperaturen das traditionelle Königsschießen der Kripper Junggesellen um Vorsitzenden Marc Boes und den zweiten Vorsitzenden Stephan Ott auf dem Kripper Schützenplatz. Groß war der Jubel als nach zähem Ringen um punkt 19.07 Uhr der letzte Rest des Königsvogels erlegt war.

Glücklicher Rumpfschütze und neuer König der Kripper Junggesellen wurde der 16-jährige Fabio Loga, der damit die Königswürde seines Bruders Lukas Loga übernimmt. Erst in der Frühjahrs-versammlung war der junge König in die Reihen der Junggesellen aufgenommen worden. Mit dem 205. Schuss auf den Königsvogel hatte er die Königswürde erlangt. 14 Aspiranten auf den Königstitel hatte es gegeben. Riesig war der Jubel und der neue König Fabio Loga wurde auf den Schultern seiner Vereinskameraden mächtig gefeiert. Dicht umringt hatten die Junggesellen und zahlreiche Gäste den Schießstand beim Königsschießen. So mancher Tip wurde den Aspiranten gegeben und dennoch hatte es eine Weile gedauert, bis dass der knorrige Rumpf fiel. Gebaut worden waren die Königsvögel für die Inaktiven und die Aktiven von Präsident Marc Boes.

Der neue König Fabio Loga wurde auf den Schultern seiner Vereinskameraden mächtig gefeiert.
Foto AB

Erfolgreich auf die Bestecke des Königsvogels waren: Kopf, Leon Loga (36); linker Flügel, Sven Zaude (52); rechter Flügel, Tim Weber (79) und Schweif, Philipp Unkelbach (95). Neuer König der Inaktiven wurde Frank Schmitt. Glückliche Schützen auf die Bestecke waren: Kopf, Markus Schäfer; linker Flügel, Jörg Laux; rechter Flügel, Thomas Schmitt und Schweif, Frank Schmitt.

Quelle: Blick aktuell 11.4.2015

Kripper Ortsmaibaum wurde aufgestellt
Staatse Kääls drückten mit eigener Kraft und Stiepen den Maibaum in die Höhe
Vorbereitungen zur großen viertägigen Maikirmes in vollem Gange

„Remagen drückt mehr! Sinzig nur mitführen!", das konnten viele gespannte Zuschauer auf dem Kripper Dorfmittenplatz verfolgen konnten. Es glich einem Ringkampf der Moderne. 27 Vereinskameraden des Junggesellenvereins Freundschaftsbund Kripp stemmten sich mit gemeinsamen Kräften gegen die Holzstiepen im Kampf gegen die Schwerkraft und einen riesigen 28 Meter langen Maibaum. Schon morgens hatten sich die JGV-Mannen unter Führung des Ersten Vorsitzenden Marc Boes am Kripper Dorfmittenplatz versammelt. Von dort aus ging es gemeinsam in den Wald. Die Vorbereitungen hatten bereits die Vereinsmitglieder Roland Schmitt und Philipp Unkelbach ein paar Tage zuvor geleistet.

Der Ortsmaibaum lag im Wald bereit und wartete auf die „staatsen Kääle", die ihn an seinen Bestimmungsort auf dem alten Schulhof in Kripp bringen sollten. Die waren auch vonnöten, um den Baum auf den Anhänger zu hieven, da er durch den milden Winter noch zusätzlich ein paar Zentner mehr wog. Nachdem man die Waldestrophäe fest auf dem Wagen verzurrt hatte, ging es für die Burschen wieder Richtung Kripp. Für den Heimweg konnten die Mitglieder sich auf die Fahrkünste des stellvertretenden Einheitsführers der FFW Kripp Achim Geil verlassen. Aufgrund der stattlichen Länge des Baums kamen die engen Kurven aus dem Remagener Wald Richtung B9 schon einem Trapezakt gleich. Zweimal mussten die Jungs helfen und den großen Nachläufer, trotz der gekonnten Fahrweise, mit vereinten Kräften von Hand um die engen Kurven heben. Die Arbeit hatte sich gelohnt, wurde man kurze Zeit später wieder von Familie Ockenfels auf halber Strecke herzlich empfangen und zu einem erfrischenden Zwischenstopp eingeladen. Nach der Stärkung passierte man einige Zeit später schließlich die Ortseinfahrt von Kripp. Auf dem Baum sitzend präsentierten die Jungs den prächtigen Baum. An der Ortsmitte angekommen war dann allerdings zunächst mal Schluss mit lustig.

Die Arbeit hat sich gelohnt

Denn nachdem der Baum geschält, geschmückt und mit Krone versehen war sollte er schließlich noch im dafür vorgesehenen Erdloch in die Senkrechte befördert werden. Roland Schmitt dirigierten die junge Mannschaft gekonnt bis der Baum die gewünschte Position eingenommen hatte. Immer wieder schlug Philipp Unkelbach mit schwerem Vorschlaghammer kräftig zu, damit der Baum im Erdloch die richtige Position einnahm. Die Arbeit hat sich gelohnt. Ein wunderschöner Maibaum ziert nun die Dorfmitte in Kripp und wartet darauf, dass am 30. April der neue JGV-König Fabio Loga gemeinsam mit den Ortsvereinen und allen Mitbürgerinnen und Mitbürgern einen zünftigen Start in die warme Jahreszeit in der Dorfmitte feiern.

Die Jungs stemmten den den Baum unter dem Kommando von Roland Schmitt mit den Stiepen und ihrer eigenen Kraft in die Höhe, während Philipp Unkelbach kräftig am unteren Baumende zuschlug, um den Baum im Erdloch zu verankern. Fotos: AB

Maikirmes vom 15. bis 18. Mai

Denn schönes Wetter wünschen sich König Fabio und seine Jungs vom JGV auch an der diesjährigen Maikirmes vom 15. bis 18. Mai. Die letzten Vorbereitungen des Vereins laufen bereits auf Hochtouren, um ihren Gästen am Kirmesfreitag bei der Captains Partynight und samstags auf der 2. Kölschen Nacht mit den DomPiraten in Kripp, sowie am Kirmessonntag und auf dem Königsball am Kirmesmontag wieder mal ein unvergessliches Erlebnis zu präsentieren.

Quelle: Blick aktuell 21.04.2015

**Grundschule Kripp bildete acht Streitschlichter aus
Konflikte mit ruhiger Hand lösen**

Acht Kinder der dritten Klasse der Grundschule Kripp haben sich in diesem Schuljahr neu zu Streitschlichtern und Streitschlichterinnen ausbilden lassen. Damit setzt die Grundschule Kripp schon im zehnten Jahr ihr eigenes bewährtes Konzept zum Umgang mit Konflikten um.

Das Training wurde an insgesamt vier Nachmittagen von den Lehrerinnen Frau Beutgen, Frau Naahs und Frau Augsten durchgeführt. An zwei Nachmittagen wurden auch bereits ausgebildete Schüler aus den vierten Klassen eingebunden, die ihr Wissen und ihre Erfahrungen gerne teilten. Das Ziel der Ausbildung war es, die fünf Stufen des Streitschlichtungsgespräches zu verinnerlichen. Zur Unterstützung erhielten die Kinder ein Hosentaschenbuch mit dem Kurzablauf der Streitschlichtung, um in Rollenspielen und anderen Übungen als Mediator agieren zu können.

Das Thema Gefühle wurde innerhalb der Ausbildung zum Streitschlichter besonders ausführlich behandelt. Dabei wurde vermittelt, dass die Konfliktpartner erst offen für Lösungsvorschläge sind, wenn sie die Gefühle und Motive des anderen erkennen. Die Lösung muss von beiden Konfliktpartnern formuliert werden. Es ist nicht leicht für ein Kind im Grundschulalter, dieses Gespräch neutral zu führen, doch meisterten alle Teilnehmer die Aufgabe ausgesprochen gut. Nun können die ausgebildeten Streit-schlichter ihre Arbeit in den Pausen aufnehmen. Damit sie sich in schwierigen Situati-onen Rat holen können, werden sie weiterhin von den Lehrerinnen begleitet.

Quelle: Blick aktuell 21.04.2015

Brandschutz-Projekt in der Kita St. Johannes Nepomuk Kripp
Feuer und Flamme für die Feuerwehr

Im Rahmen des Themas „Brandschutz" haben zwölf Kinder des kath. Kindergarten St. Johannes Nepomuk, Remagen-Kripp ein dreimonatiges Projekt erlebt. Im Rahmen ihrer Abschlussarbeit plante die Erzieherin im Anerkennungsjahr Anna Weber, selber aktive Feuerwehrfrau bei der Freiwilligen Feuerwehr, gemeinsam mit den Kindern die Schwer-punkte des Projekts. Im Vordergrund standen die Hauptthemen: „Feuer", „Löschen" und „Feuerwehr. In praktischen Versuchen wurde der sichere Umgang mit Feuer geübt, das Löschen erprobt und alles rund um die Feuerwehr erforscht. Ein Besuch bei der Freiwilligen Feuerwehr in Kripp stand auch auf dem Programm. Ein Abschlussfest, zu dem die Kinder ihre Eltern eingeladen haben, rundete das gelungene Angebot ab. Allen Beteiligten hat das informative Projekt sehr viel Freude bereitet und man kann sagen, dass die Kinder nun schon echte Profis rund um das Thema „Feuer" sind.

Wasser - Marsch!" - gleich wird das lichterloh brennende Haus gelöscht sein.
Die sachgerechte Handhabung eines Hydranten will auch gelernt sein.

Quelle: Blick aktuell 24.05.2015

2. Bouleplatzfest in Kripp
Spiel, Spaß und Livemusik
Das Fest beginnt am 25. Juli um 15 Uhr

Der Bouleplatz in Kripp besteht seit vier Jahren und erfreut Boulebegeisterte aus nah und fern. Aber nicht nur Spielende suchen ihn auf. Seine Sitzgruppe animiert auch Passanten, hier einfach zu rasten und Mitgebrachtes zu verzehren. Die Mitglieder freuen sich, dass der Platz so gut angenommen wird. Das zeigt, dass ein Teil der Mittel aus der 300-Jahrfeier, die sich zum 10. Mal jährt, richtig angelegt wurden.

2. Bouleplatzfest

Ecke Quellenstraße / Sandweg

Samstag 25. Juli 2015
ab 15:00 Uhr

Bouleturnier für Jedermann
Ab ca. 20:00 Uhr Livemusik durch die Band „Coverstreet"
Mit Internationaler Speisen

Veranstalter : Traditionsverein Kripp

Am Samstag, 25. Juli beginnt das Fest um 15 Uhr mit Kinderbelustigung, Schminken und Spielen. Wie bereits beim ersten Boulefest wird ein Turnier mit den silbernen Kugeln ausgetragen und auf die Teilnehmenden warten attraktive Preise, wie Pittermännchen und echter Kripper Wein. Auch die Verlierer gehen nicht leer aus, denn ab 16.30 Uhr startet ein internationales kulinarisches Feuerwerk. Kripper Mitbürger aus Spanien, Syrien, Griechenland, Türkei und Portugal servieren landestypische Speisen und auch die Deutsche Bratwurst wird nicht fehlen. Am Abend wird es dann rockig, denn die Band "Coverstreet" um Leader Thomas Hocke wird ein Livekonzert geben, es bleibt also international, denn die gespielten Hits sprechen ihre eigene Sprache. Selbstredend wird der Erlös dieses Festes wieder in die weitere Verschönerung unseres Ortes investiert.

Quelle: Blick aktuell 20.07.2015

Städtischer Kindergarten Pusteblume Kripp
Tag der kleinen Forscher 2015

Der städtische Kindergarten Pusteblume in Kripp ist seit 2011 als „Haus der kleinen Forscher" ausgezeichnet. Seitdem fördern einfache Experimente die Begeisterung der Kinder an naturwissenschaftlichen Phänomenen. Kürzlich war der „Tag der kleinen Forscher", aufgrund des interessanten Themas wurde daraus eine Erforschungs- und Erkundungswoche.

In dieser Woche erforschte man den Lebensraum rund um das Thema: „Wie wollen wir leben?"

Als Erstes erkundeten die Kinder den Kindergarten und suchten ihren Lieblingsplatz, dieser wurde in einem Foto festgehalten. Anschließend gestaltete jedes Kind sein Wunschkinderzimmer im Schuhkarton, dafür wurden die verschiedensten Materialien genutzt, zum Beispiel Stoff, Tapete, Watte und Muscheln. Um das Thema weiter zu vertiefen, bauten die Kinder eine Pappstadt, es entstanden die unterschiedlichsten Gebäude, zum Beispiel ein Bahnhof, eine Kirche und ein Krankenhaus. Am vierten Tag betrachteten die Kinder Baupläne und Bilder von der Entstehung des Kindergartens und überlegten, aus welchem Grund die verschiedenen Baustoffe verwendet wurden. Anschließend wurde ein Straßenverzeichnis von Kripp angeschaut und das Zuhause der Kinder eingezeichnet.

Um auch Kripp besser kennenzulernen, machten die kleinen Forscher einen Ausflug in den Baumschulenweg. Dort erkundete man, zum Beispiel die verschiedenen Baustile der Häuser, zählte Bäume und Straßenlaternen. Dies förderte unter anderem das mathematische und technische Denken der Kinder. Zum Forschen erhielten die Kinder in der Einrichtung einen Forscherpass. Die Mädchen und Jungen konnten sich jeweils einen Stempel geben lassen, wenn sie eine der vier Forscherideen unter die Forscher-lupe genommen hatten. Wer seinen Forscherpass vollständig abgestempelt hatte, bekam am Ende von den Erzieherinnen das Forscherdiplom 2015 überreicht. Alle Kinder, sowie die Erzieherinnen waren sich am Ende der Woche einig, dass das diesjährige Thema des „Tags der kleinen Forscher" wieder sehr spannend war, das sowohl die Kleinen, als auch die Großen erneut zum Forschen und Erkunden einlud.

Quelle: Blick aktuell 20.07.2015

Katholische Frauengemeinschaft Kripp
Gelungener Jahresausflug

Einen schönen Sommertag verlebten 46 Frauen der Katholischen Frauengemeinschaft Kripp bei ihrem Jahresausflug an die Lahn.

Die Frauen verlebten einen schönen Sommertag in Limburg

77

In der Bischofsstadt Limburg stand eine informative und kurzweilige Stadtführung auf dem Programm. Anschließend wurde in kleinen Gruppen die Stadt erkundet und die Zeit für eine Mittagsrast genutzt. Am Nachmittag ging es zurück nach Montabaur, wo die Besichtigung einer Kerzen-manufaktur mit Einkauf angeboten wurde. Auch für ein kühles Eis war noch Zeit, bevor es am späten Nachmittag wieder nach Hause ging. Dort wartete in einer heimischen Gaststätte das Abendessen; so fand der Ausflug einen schönen Ausklang.

Quelle: Blick aktuell 10.08.2015

VITO-Junior-Cup
Rund 1300 Nachwuchsfußballer aus 84 Mannschaften auf den Kripper Sportplatz
Spannende Spiele und zahlreiche Tore
Über 80 Helfer des Gastgebers SV Kripp vier Tage rund um die Uhr im Einsatz

Traditionell am letzten Sommerferienwochenende hatte der SV Kripp zu seinem großen Jugendturnierwochenende eingeladen, dem VITO-Junior-Cup. 84 Mannschaften und fast 1300 Nachwuchstalente waren der Einladung der Kripper Sportler gefolgt und spielten in sieben verschiedenen Altersklassen um den Turniersieg. Wie bereits bei den vorausgegangenen dreizehn Turnierausgaben stand die Firma VITO Irmen GmbH & Co. KG um Geschäftsführer Ralf Heiligtag dem SV Kripp als Hauptsponsor und Namensgeber zur Seite.

Den Auftakt zum viertägigen Fußballspektakel machten am Donnerstagabend die B-Junioren. Neun Mannschaften sorgten für spannende Spiele.

In einem packenden Endspiel sicherte sich der FV Rheinbrohl gegen den TuS Mayen den Turniersieg. Dritter wurde die JSG Bad Bodendorf. Der zweite Turniertag stand ganz im Zeichen des Mädchenfußballs. Fünf Mannschaften der C-Juniorinnen und neun Teams der B-Juniorinnen traten an. Bei den B-Juniorinnen setzte sich der SC Bad Neuenahr vor den TV Kruft und den Mädels des TuS Oberwinter durch. Beim C-Juniorinnenturnier konnte sich ebenfalls der SC Bad Neuenahr in die Siegertafel eintragen. Zweiter wurde die JSG Immendorf vor der SG 99 Andernach.

Zweite Plätze gingen an Gastgeber-Teams

Am Samstagmorgen gastierten zunächst die D-Junioren mit zwölf Mannschaften auf dem Kripper Kunstrasenplatz. Nach zahlreichen Treffern und spannenden Spielen konnte der VfL Leverkusen den Turniersieg feiern. Der zweite Platz ging an die JSG Kripp und über den dritten Platz freute sich der FC Germania Metternich. Zum anschließenden C-Juniorenturnier konnte der SV Kripp acht Mannschaften begrüßen. Sieger wurde der FC Erfstadt-Lechnich nach dem Endspiel gegen den zweitplatzierten JSG Kripp. Dritter wurde der VfL Neuwied. Am letzten Turniertag tummelten sich noch einmal mehrere Hundert Nachwuchsspieler beim VITO-Junior-Cup. Absoluter Hochbetrieb herrschte auf und um den Kripper Sportplatz. Am frühen Sonntagmorgen bevölkerten zwölf F-Juniorenmannschaften den Kripper Kunstrasenplatz.

Bei den Acht- bis Neunjährigen steht der Spaß am Fußballspiel im Vordergrund, sodass ohne Tore und Tabellen gespielt wurde. Alle Spieler konnten sich bei der Siegerehrung als Gewinner feiern lassen, zur Belohnung gab es Medaillen und den verdienten Applaus der mitgereisten Eltern.

E-Junioren-Turnier war wieder stark besetzt

Den Abschluss der vier Tage, die von König Fußball regiert wurden, bildeten traditionell die E-Junioren. 28 Mannschaften kämpften um den Turniersieg und die Qualifikation für den Champions-Cup, der am 19. September auf dem Kripper Kunstrasenplatz ausgetragen wird. Zum Teilnehmerfeld gehören dann renommierte Mannschaften wie der Bonner SC, Alemannia Aachen, Kickers Offenbach, Fortuna Düsseldorf, Fortuna Köln, TuS Koblenz, Feyenoord Rotterdam und Twente Enschede. Nach zig Turnierspielen und zahlreichen Treffern konnte der TuS RW Koblenz im Endspiel gegen die JSG Kottenheim den Turniersieg erringen. Die Sportfreunde Baumberg holten sich den dritten Platz. Für die drei Erstplatzierten war es zugleich die Qualifikation für den Champions-Cup. Alle teilnehmenden Mannschaften konnten sich über Pokale und Medaillen freuen. Die jeweiligen Turniersieger erhielten zusätzlich den Wanderpokal. Die Siegerehrung der F-Junioren übernahm am Sonntag neben dem Orgateam Paul Schäfer als Vertreter des Hauptsponsors und Namensgebers des Turniers. Natürlich war auch für das leibliche Wohl wieder bestens gesorgt, über 80 Helfer aus allen Abteilungen des SV Kripp sorgten im Imbiss, beim Getränkeverkauf, beim Eisverkauf oder hinter der Kuchentheke für diverse Köstlichkeiten. Um nur wenige Zahlen zu nennen, die die Größe des Turniers illustrieren: Es waren die Verarbeitung von 1000 Würstchen, 250 Kilogramm Pommes frites und ein riesiges Kuchenbüffet nötig, um die hungrigen Kinder und ihre Eltern, Trainer und Betreuer zu versorgen.

Dass das Jugendturnierwochenende eine Veranstaltung des Gesamtvereins ist, sieht man daran, dass die zahlreichen Helfer aus allen Abteilungen des Kripper SV stammten - ob Karnevalisten, Turner oder Fußballer.

Im Dauereinsatz waren auch die drei Vereinsschiedsrichter Lukas Köbbing, Franz Keller und Lawrence Cocker sowie weitere fünf Schiedsrichter des Verbands. Hervorragend waren vor allem auch die Informationen des SV Kripp. Brandaktuell wurden alle Ergebnisse direkt auf die Internetseite des SV Kripp eingestellt.

Am Sonntag fand zudem noch eine große Tombola statt, die viele Preise bereithielt. Rundum zufrieden mit dem Verlauf der diesjährigen Turnierausgabe war auch das Orgateam um Klaus Krämer, Hans-Werner Büch und Marc Göttlicher.

„Es hat alles gepasst, das Wetter hat mitgespielt, die Mannschaften hatten ihren Spaß, und wir konnten uns stets über volle Zuschauerränge freuen", resümierte Göttlicher.

Der „absolute Hit" sei der Sonntag gewesen mit den 40 Mannschaften der F- und E-Jugend gewesen. Neben den rund 1300 Nachwuchsspielern seien sicher noch einmal so viele Eltern, Trainer und Betreuer über die vier Tage auf dem Kripper Sportplatz gewesen.

Am 19. September startet das Internationale E-Jugend-Turnier, der Champions-Cup 2015, mit 20 Mannschaften auf dem Kripper Sportplatz.

Quelle: Blick aktuell 07.09.2015

Kreissparkasse Ahrweiler beschenkte Kripper Grundschule
Erstklässler freuten sich über Farbmalkästen

Eine Überraschung gab es am vergangenen Mittwoch für die Erstklässler der Kripper Grundschule. Der Filialleiter der Kreissparkasse Ahrweiler in Kripp,

Die Erstklässler mit den Vertretern der Kreissparkasse Niklas Bell (l.) und Christopher Schoch, Schulleiterin Doris Rheindorf (r.) und Klassenlehrerin Jannica Linn. *Foto:AB*

Der Filialleiter der Kreissparkasse Ahrweiler in Kripp, Niklas Bell, übergab gemeinsam mit KSK-Auszubildendem Christopher Schoch den Erstklässlern im Namen der Kreissparkasse Ahrweiler Farbkästen, die bei pfleglicher Behandlung in der gesamten Grundschulzeit genutzt werden können.

Im Vorfeld hatten die Erstklässler bereits Gutscheine für die Farbkästen erhalten. Wer seinen Gutschein noch nicht eingelöst hat, kann dies noch in der KSK-Filiale in Kripp tun. Über die Übergabe freuten sich waren Schulleiterin Doris Rheindorf sowie die Klassenlehrerin Jannica Linn.

Quelle: Blick aktuell 21.09.2015

Brandschutzerziehung im Kindergarten Pusteblume Kripp
Rund um die Feuerwehr

Die Kinder vom Kindergarten Pusteblume beschäftigen sich in diesem Jahr mit dem Thema Berufe. Um die Zeit zu Sankt Martin passt natürlich der Beruf des Feuerwehrmannes oder der Feuerwehrfrau perfekt.

Ein Tag bei der Feuerwehr in Kripp war besonders aufregend für die Kinder

Ein besonderes Erlebnis

So beschäftigten sich die Kinder intensiv mit den verschiedenen Aufgaben und Einsatzbereichen der Feuerwehr. Die Puppenecke des Kindergartens wurde kurzerhand in eine Feuerwehrzentrale verwandelt, in der die Kinder auch das richtige Absetzen eines Notrufes übten.

Außerdem lernten die Kinder während dieser Zeit bei verschiedenen Experimenten und Übungen, Gefahren durch das Feuer zu erkennen und sich im Notfall richtig zu verhalten. Ein besonderes Erlebnis war der Besuch von richtigen Feuerwehrmännern. Guido Fuchs und Marc Tiltmann von der Feuerwehr Kripp zeigten den Kindern ihre Feuerwehrausrüstung und beantworteten den Kindern alle Fragen.

Neugierig betrachteten die Kinder die feuerfeste Kleidung, den Helm, sowie die Atemschutzmaske. Mit Spannung erwarteten die zukünftigen Schulkinder den Besuch im Feuerwehrgerätehaus in Kripp. Auch hier nahmen sich Guido Fuchs und sein Kollege Marc Tiltmann viel Zeit dafür den Kindern die Räumlichkeiten und die verschiedenen Geräte zu zeigen.

Ein Feuerwehrboot
Begeistert bestaunten die Kinder das Kripper Feuerwehrboot. Dieses wurde natürlich sofort in Beschlag genommen und alle fühlten sich wie richtige Feuerwehrmänner und Feuerwehrfrauen. Die Kinder und die Erzieherinnen dankten Herrn Fuchs und Herrn Tiltmann, sowie der Freiwilligen Feuerwehr Kripp für diese sehr lehrreichen Tage.

Quelle: Blick aktuell 14.11.2015

Kripper Congregation

von Willy Weis / Hildegard Funk

Katholische Jungfrauencongregation Kripp a./Rhein (KJC)

Der heute nicht mehr existente kirchliche Verein der „Jungfrauen-Congregation-Kripp a./Rhein" wurde im Jahre 1906 durch Kaplan Josef von Mehring unter dem Titel:

„Maria Verkündigung"

als ein umsichtig organisiertes Gemeinwesen mit ausgeprägter Geschäftigkeit ins Leben gerufen. Ziel und Zweck des Vereines mit konfessionellem Charakter war die Zusammenkunft aller Kripper Jungfrauen, um diese erzieherisch in Sitte, Anstand und Haushaltsangelegenheiten für die Gründung eines evtl. späteren Familienstandes vorzubereiten.
Dabei sah sich der Verein als Vorreiter für die Vorbereitung aller erzieherischen und familiären Aufgaben, ausgerichtet auf ihre Rolle als spätere Hausfrau und Mutter in grundlegender Hauswirtschaftskunde. Die Jungfrauen wurden in die Grundkenntnisse von Kochen, Backen, Nähen, Stricken, Häkeln, Stopfen vorbildlich eingewiesen wurden. Des weiteren erfolgte die Vermittlung von Grundkenntnissen der Kinder- und Krankenpflege sowie gesellschaftlicher Rahmenbedingungen.

In Gruppenarbeit erfolgte ferner die Unterweisung der Mitglieder in Sport, Spiel, Musik, Theater und Volkstanz. Eine Nähschule und eine Heimsparkasse wurden eingerichtet. Ein präzis geführtes Protokollbuch gibt Aufschluss über viele Tätigkeiten. Aus diesem Verein entstanden u.a. der Agnesverein, der Herz-Jesu-Verein, ein 1918 mit 31 Mitgliedern gegründeter Gesangverein und 1928 ein Turnverein.

Um christliche Gemeinschaft zu demonstrieren, erlegten sie sich die Pflicht auf, alle 6 Wochen gemein-schaftlich die hl. Sakramente zu empfangen, sowie an kirchlichen Festen wie Maria Lichtmess, Verkündigung, Himmelfahrt und der Unbefleckten Empfängnis gemeinsam am Kirchenbesuch teilzunehmen. Als äußerliches Symbol der Gemeinschaftlichkeit trugen die Jungfrauen bei der Generalkommunion, Prozes-sionen und Beerdigungen von Mitschwestern eine Medaille an blauen Bändern, wobei die Bänder ab 1927 durch eine blaue silberne Kordel ersetzt wurden. Die Aspirantinnen trugen zu diesen Gelegenheiten eine Agnesmedaille an einer grünen Kordel hängend.
Das Titularfest war alljährlich das Fest „Maria Verkündigung", das mit einem feierlichen Hochamt mit Opfergang begann. Am ersten Stiftungstag der Congregation, dem 8. Dez. 1906, wurde ein feierliches Hochamt durch den Hochwürden Herrn Kaplan Josef von Mehring unter Assistenz der Hochwürden Herrn Rektor Windhausen (St. Anna-Kloster Remagen) und Pater Nazarius (St. Apollinarisberg- Remagen) in der Kirche zelebriert. Nachmittags fand die Aufnahme von 72 Aspirantinnen in die Congregation durch den Hochwürden Herrn Dechanten Karl Müller aus Remagen statt.

Die erste gewählte Präfektin dieser Congregation, Frl. Josefine Franzen, Lehrerin zu Kripp ab 1.4.1903, legte wegen Eintritt in das Nonnenwerther Kloster anno 1907 ihr Amt nieder. Präses war der jeweilige zuständige amtierende Ortsgeistliche. Erster Vizepräses war Kaplan Josef von Mehring.

Am 6.3.1910 konnte eine angeschaffte Fahne mit der Inschrift: „Maria, segne Deine Kinder" geweiht werden. Als Vereinslokal diente der Johannessaal. Näh, Flick-und Kochkurse wurden in dem ehemaligen Schwesternhaus auf dem Batterieweg abgehalten. Aus den Statuten ist ersichtlich, dass die Jungfrauen stets zur Sittsamkeit und Höflichkeit angehalten wurden.

Infolge andauernder Krankheit des späteren Ortsgeistlichen und Präses Brückert sowie der Abberufung von Schwestern hatten sich einige Missstände bei den Jungfrauen eingeschlichen, die in einer dringend einberufenen Mitgliederversammlung mit folgenden Ermahnung gerügt wurden.„*...die Mitglieder der Congregation sollen stets ehrbar gekleidet sein; und besonders an der Kommunionbank nicht mit ausgeschnittenen, durchsichtigen Kleidern erscheinen, um nicht Gefahr zu laufen, bei der Austeilung der hl. Kommunion übergangen zu werden, oder den ausspendenden Priester in Verlegenheit zu bringen"*.
(Quelle: Niederschrift der Mitgliederversammlung am 9.7.1925 , TOP 3, Chronik der Jungfrauenkongregation Kripp 1906-1933, Kath. Pfarrarchiv Kripp)

Präfektinnen:
1906 Josefine Frantzen (Lehrerin) schied 1907 aus wegen Eintritt in den Orden
1917 Frl. Sybille Syberz
1920 Frl. Kath. Breuer (vom Rhein)
1922 Frl. Anna Schittko
1925 Frl. Elisabeth Dahm
1927 Kath. Weiler (Lehrerin)
1933 Elisabeth Linden
1933-38 Maria Syberz (ernannt)
8 Jahre Ruhezeit (NS- Zeit)
1946 Kath. Breuer
1948 Neugründung (hier endet das Buch) letzter Eintrag 8.12.1948 mit K. Breuer.
Quelle: Chronik der JFC 1933-46
Tätigkeitennachweis-Congregationsschwestern in Kripp

Chronik der KJC ab 1906

1915 Johannessaal ein Harmonium vorhanden (S.59)
1918 Exerzitien, Küster 15 Mark, Balgtreter 5 Mark extra
1918 Muttergottes- und Herz-Jesu-Statue angeschafft. (S. 93)
1918 26. Juni, Gesangverein gebildet, 31 MG, Proben Mittwoch um ½ 9 Uhr (S. 95)
1918 am Weihnachtstag sang der Gesangverein der Congregation...(S.99)
1919 gemischter Chor gegründet -- 16 Mädchen sangen zum 1.Male das feierliche Hochamt bei Maria Lichtmess. (S. 99, 100)

1919 17. Juni. Namenstagsständchen für den Pastor vom Kirchenchor (Gemischter Chor) gebracht (S.103)

1920 12.9. Schw. Elenteria in die Congregation eingeweiht.

1920 bis 1922 mehrmals Versuche gestartete, die Paramentenarbeit wieder aufleben zu lassen.

1920 Theateraufführung für die Hochwassergeschädigten veranlasst, Erlös 507,82 Mark (S.106)

1920 13.7. Beschluss, für die C. neue leichtere Fahne zu beschaffen, Schwester hört man erstmals 1921 von Verwahrschulkindern (Kindergarten)

1921 Auftritt des gemischten Chors (Kirchenchor?) (S.124)

1921 Theateraufführung mit dem Jugendverein, Erlös: 1500 Mark für Glocken

1922 Zur Glockeneinweihung, Basar eingerichtet, wo Handarbeiten amerikanisch versteigert wurden. Erlös 1.000 DM

1922 12.11. Mitgliedschaft im Diözesan-Verband

1923 28.05. Es soll aus den Mitgliedern ein Gesangverein gegründet werden. Versammlungen bisher im Johannessaal und im Schwesternhaus, ab 1924 werden Räume der Villa Hettlage (heute Geschäftshaus der Fa.Vito-Irmen, Mittelstr.74) zum Vereinslokal bestimmt.

1923 Mädchenchor der J.C. singt am Grabe...

1924 Schwester Friedberta

1925 Aloysiusstatue gekauft, Vereinigung Katholischer Jünglinge und Jungfrauen J: M:= Herz-Jesu-Verein, Agnes-Verein, K. J. C.

1926 neue Schwester Jemma

1927 2 neue Schwestern für Kripp.

1928 Errichtung eines Turnvereines unter Leitung von Frl. Weiler

1929 Gemischter Chor = Kirchenchor (S.175) Stempel des K:J:V: umrandet im Rechteck von 10 x15 mm: (K:J:V. oben, darunter Kripp =vermutlich Kath. Jugendverein Kripp. (Quelle= Blatteinlage des Contobuches der vereinigten Jugendsparkasse zu Kripp 1910-1921)

1934 3 neue Schwestern, 1935 Eleonora weg, neue Schwester Theoflora

1936 Bannerweihe.

Holzkreuz am Sandweg

von Willy Weis / Hildegard Funk

Ein Wegkreuz aus Holz aus jüngerer Zeit mit einem steinernen Blumenkasten ziert die Ecke Sandweg/Quellenstraße. Über dieses Kreuz ist lediglich bekannt, dass es nach dem Ersten Weltkrieg in dieser Ausführung von einer im Unterdorf wohnenden Familie gestiftet und errichtet wurde. Der nähere Grund der Stiftung konnte leider nicht in Erfahrung gebracht werden.

Bei dem Holzkreuz, das bei jedem mittlerem Hochwasser in dem nassen Element stand, war durch Fäulnisschäden die Standsicherheit im Laufe der Jahrzehnte nicht mehr gewährleistet und es wurde somit Opfer des Jahrhunderthochwassers 1993/94. Im Januar 1994 wurde es als Treibgut von einem verantwortungsbewussten Bürger aus den Hochwasserfluten gefischt. Der Bürger-und Heimatverein erneuerte das desolate Kreuz durch ein neues Kreuz aus Eichenholz, original nach den Vorgaben des alten Kreuz. Dank einiger beherzter spendenbereiter Bürger konnte das neue Kreuz im Mai 1994 wieder aufgestellt und durch Pfarrer Birtel eingesegnet werden.

Das Holzkreuz lädt mit den aufgemalten Spruch auf dem Querbalken "Willst Du Gottes Liebe sehn, so bleib vor diesem Kreuze stehn " den Betrachter zum kurzweiligen Nachdenken ein. Mündlichen Überlieferungen älterer Bürger soll an dieser Stelle ein Kreuz mit einem Opferkasten für die Schiffer und ein Ewiges Licht gewesen sein. Recherchen in älteren geographischen Kartenaufnahmen bezeugen an dieser Stelle der Nachweis eines Kreuzstandortes als Landmarke in Form eines kleinen Kreuzes. Des Weiteren sind im Kapellenbuch verschiedene Eintragungen von Einnahmen aus einem Opferkasten am Ewigen Licht ersichtlich, sowie Ausgaben für die Kosten von Reparaturverglasungen für zerbrochenes Glas am Ewigen Licht.

Letzte Kriegstage in Kripp 1945

von Willy Weis / Hildegard Funk

Nach der gescheiterten Ardennenoffensive durch die alliierte Bedrängung einer über-
mächtigen waffenstarrender Armee als immer größer erscheinenden Streitmacht kam
die Hauptkampflinie der Westfront rasch für die Kripper hör- und spürbar näher, so dass
man nun ab dem 4. März 1945 den andauernden Geschützlärm akustisch mehr und
mehr wahrnehmen konnte. Dabei drängte der Gegner rapide in östlicher Richtung
Rhein, wo sich Deutsche Truppen mit starken Ausfällen in Rückwärtsbewegung befanden.
Zusehends flogen immer mehr feindliche Tiefflieger in unser Gebiet ein, wobei die
hiesige Luftabwehr gegen die Übermacht feindlicher Luftflotten nur noch eine unbedeu-
tende Rolle spielte.
Es begann eine Zeit, wo sich die Kripper überwiegend in Kellern und Luftschutzräumen
aufhielten. Dabei diente dem Kripper Ignatz Jüssen das Mausoleum mit abgestützter
Grabkammerdecke und mitgebrachter Matratze als Luftschutzkeller. 1) Die Kripper
Schule diente bis zu ihrer Ortseinnahme als Gefechtsstand des Hauptmannes Peter
Dolgener als örtlicher Flakführer von Remagen, dessen ganzer Stolz seiner mobilen
Ausstattung ein Fahrrad war, das ihm jedoch in Kripp geklaut wurde. 2)
Am Kripper Ufer annähernd in Höhe der zweiten Fährrampe lagen versenkt ein mit
Schmiedekohle beladenes Schleppschiff von "HANIEL" und ein mit Perlkohle bela-
denes Schleppschiff von Hoesch auf Grund, wobei bei letzteren die Ladung von
Ortsbewohnern mit selbst gebastelten Kechern, bestehend aus einem am Stiel
befestigten großen Eisenring mit Sack, nach der Methode der Sandfischer gefischt und
nach Trocknung zum Heizen verwendet wurde, sowie ein am gegenüber liegenden Ufer
in Höhe der Ahrmündung bei Wallen mit Eichenholz beladenes versenktes Schleppschiff.
Ob diese auf Grund liegenden Schiffe einem Tieffliegerangriff zum Opfer gefallen oder
teilweise Selbstversenker waren, die, um nicht mit ihrer Ladung in Feindeshand zu
gelangen, auf Anordnung von im Kripper Jugendheim liegenden SS-Einheiten von der
eigenen Besatzung versenkt wurden, konnte leider derzeit nicht mehr nachvollzogen
werden. 3)
Bekannt ist nur, dass der in Höhe Leubsdorf-Ariendorf gesunkene 80 m lange Rad-
schlepper „Gustav Wegge - Braunkohle 4" 1945 von der deutschen Wehrmacht in
Ariendorf versenkt wurde. 4)
Über die wahren Ursachen des am Anfang 1945 bei Leubsdorf versenkten Schiffes
„ RHENANIA 5 "5), sowie die bei Ariendorf auf Grund liegende „ DAMCO21"kann
deshalb nur spekuliert werden.6)
Das gleiche gilt für die von uns eruierten Oberstrom versenkten Schiffe wie das
Einschornsteinboot „ FRANZ HANIEL 4 ", 7) oberhalb des Hammersteiner Werth,
sowie die beiden bei dem Ort Leutesdorf versenkten Schiffe „ FRANZ HANIEL 14 " 8)
und dem Schiff „ FRANZ HANIEL 19 " 9) .

Endphase

Die zu Kriegsende gegründete Organisation „Volkssturm" war in der Tat das letzte verzweifelte Aufgebot des Reiches. Hitlers fatale Faszination vom finalen Opfergang, als letztes Verbrechen am eigenen Volk, erfolgte auf dessen Anordnung vom 25. September 1945 durch die Einberufung aller bisher nicht eingezogenen Männern von 16-60, auch bei leidlicher Gesundheit, zum „Volkssturm". Diese sollten als letztes Aufgebot des nationalsozialistischen Deutschen Reiches mit der Waffe in der Hand für den Endsieg mit Fanatismus und „Treue zum Führer" ihr Scherflein zur Vaterlandverteidigung beitragen.

Ihr Kombattantenstatus war im Sinne des Kriegsvölkerrechtes wegen des Tragens von Zivilkleidung durch eine Armbinde mit der Aufschrift „Deutscher Volkssturm-Wehrmacht" erkennbar. **10)** Ihre Aufgabe war es, zur Ortsverteidigung ausgebaute Stellungen unter anderem Panzersperren zu errichten. Sonntags beim Kirchgang stand eine für den Ort maßgebliche Parteiperson vor der Kirche und forderte junge Kirchgänger auf, unverzüglich mit den Schanzarbeiten zum Bau von Panzersperren am damaligen Haus Moeller und Luchs in der Mittelstraße sowie in der Römerstraße anzufangen. 11)

Die in Kripp liegende Propagandakompanie der HGrp B, verstärkt durch den Volkssturm Kripp, in 3 Gruppen gegliedert, hatte den Auftrag, den Südrand Kripps mit 2 Gruppen aus Stellungen heraus zu verteidigen derweil eine Gruppe mit Lkw als Jagdkommando eine Reserve des Kampfkommandanten bilden sollte, wurde jedoch wegen der schnell vorrückenden Front in den rechtsrheinischen Raum befohlen. 12)

Durch Einquartierungen zurückweichender Deutscher Wehrmachtsteile war das ehemalige Sanatorium Dr. Karsten auf dem Batterieweg von hohen deutschen Wehrmachtsoffizieren belegt, wobei während eines Saunaganges dem Leiter der Heeresgruppe B, Generalfeldmarschall Model, die Meldung über den Durchbruch der Amerikaner im nahe liegenden Frontabschnitt ereilte. Aus Zimmer 17 wurde der "letzte" Deutsche Wehrmachtsbericht des Westens von SS-Kriegsberichterstattern gesendet. 13)

Ponton Brücke in Kripp 1945

88

Hektische und chaotische Absetzbewegungen der deutschen Wehrmacht über den Rhein bestimmten von nun an das Ortsbild. Die kläglichen Überreste einer sonst siegesgewohnten Armee in einem endlosen Strom kampfesmüder deutscher Soldaten, teils mit depressiven, ausgemergelten und vom Kampf gezeichneten Gesichtern, wälzten sich pausenlos mit ihrer restlichen militärischen Habe durch die auf Grund des großen Andranges hoffnungslos verstopften Straßen Kripps zum Rhein, dessen gegenüberliegendes Ufer noch eine natürliche Verteidigungsposition bildete, um sich dort neu geordnet und kampfbereit den alliierten Truppen entgegenzustellen. Ein geordneter Rückzug war kaum noch möglich. Aller überflüssigen Kriegsgeräte entledigte man sich noch schnell vor dem Rheinübergang in Kripp.

An vielen Häuserecken waren Kriegswaffen zu finden. (Zeitzeuge: Ludwig Rüth, Kripp) Für den militärischen Uferwechsel der zurückweichenden deutschen Truppen zum rettenden rechten Rheinufer wurde alles aufzutreibende Schwimmbare eingesetzt. Angefangen von mit Matrosen der Rheinfährenkompanie Nr.1 bemannten Schraubenbooten, bis hin zu geruderten vollbesetzten Nachen. 14) Hierzu hatte man noch eigens einen Anlieger unterhalb des zweiten Fähranlegers errichtet.

Mit raschen Schritten verlagerte sich nun die Westfront in das Gebiet der Goldenen Meile, wo sie am 7.3.1945 mit der unerwarteten Einnahme der intakten Remagener Ludendorffbrücke durch die US-Army den Rheingraben bei Remagen als Hauptkampflinie zwischen Bonn und Koblenz bildeten. Dieser unvorhergesehene militärische Coup - wenn auch weit vom eigentlichen Angriffsziel Ruhrkessel entfernt - stellte zur Überwindung des großen Wasserhindernisses eine große militärische Bereicherung dar und wurde zum Schauplatz eines spektakulären Unternehmens in der Kriegsgeschichte. Die Scheinwerfer der Welt waren schlagartig auf uns gerichtet, als man mit der "Operation Plunder" General Hodges 1.US- Armee am 7.3.45 in Remagen die intakte rheinüberspannende Luden-dorffbrücke, auf der sich ein Gewimmel fliehender Truppen General von Zangens 15. Armee befanden, eroberte. 15)

Zur Unterstützung anderer Panzereinheiten näherten sich zur beabsichtigten Eroberung der Ludendorffbrücke von Kripp aus kommend nach erfolgreicher vorheriger Einnahme der Sinziger Ahrbücke, die ersten 3 Panzer der Südflanke der 9. US-Panzerdivision der 1. US-Armee und postierten sich gegen 15.30 h schießend zwischen Remagen und Kripp. 16) Nach einer missglückten Brückensprengung durch die Brückenwache um 16.00 Uhr stand die Eroberung der Brücke von Remagen im militärischen Mittelpunkt der Combat Command B der US-Panzerdivision. Nun galt es, schnell einen Brückenkopf zu bilden, um die in aller Eile von der Deutschen Wehrmacht am Ostufer reorganisierte neue Kampflinie aufzureiben. Mit dieser Brückeneinnahme fiel die letzte Frontlinie der deutschen Wehrmacht im Westen. Pausenlos strömten bereits innerhalb 24 Stunden 8000 US-Soldaten über die Ludendorffbrücke aufs Ostufer nach Erpel ins rechtsrheinische Gebiet. 4 Divisionen hielten den Stützpunkt Remagener Brücke und dehnten ihn zu einem Brückenkopf aus. Die gegenüber liegende Stadt Erpel glich nun einem Heerlager.

Ernst Dannemann, zeitweise inhaftierter Nazi-Gegner, wurde in aller Eile von den einrückenden Amerikanern als Ortsvorsteher eingesetzt. Er hatte dafür Sorge zu tragen, dass aus Sicherheitsgründen alle Bewohner im Kampfgebiet der Rheinfront ihre Häuser zu verlassen hatten. 17)

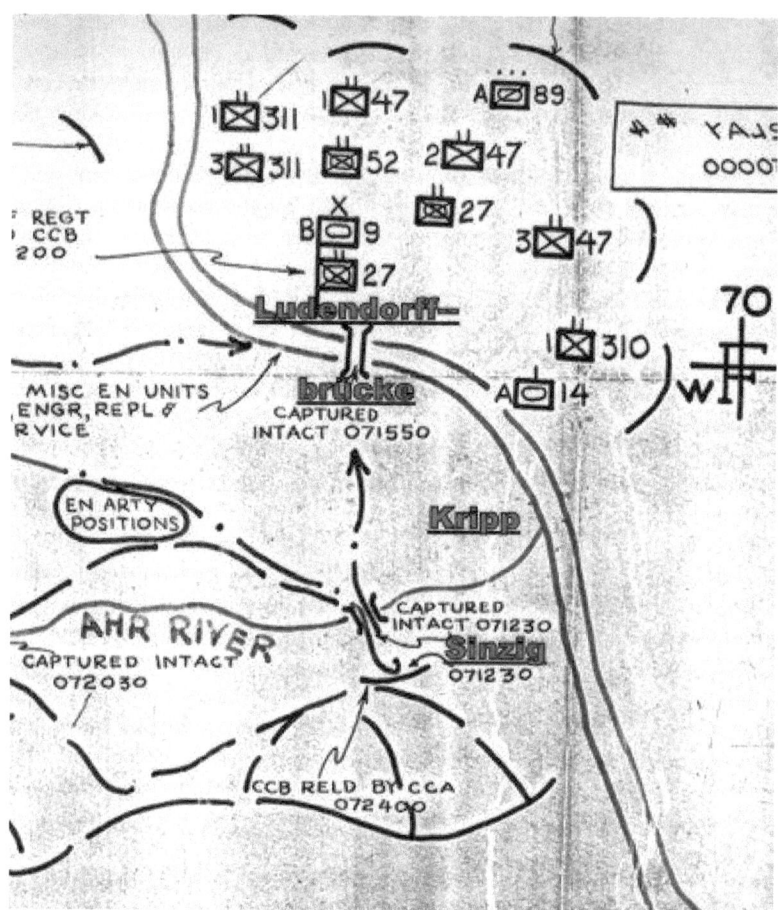

US Operationsplan

Pontonbrücken

Zur Entlastung der beschädigten, aber intakten Remagener Eisenbahnbrücke und zur Erweiterung des Brückenkopfes wurden in aller Eile rechts und links neben der Ludendorffbrücke je eine Pontonbrücke errichtet. Die für den Ausbau der Schwimmbrücken benötigten Pontons, Schlauchbooten und Higginsboote wurden durch das 81. und 552.Heavy Ponton Bataillon herangeschafft.

Für die weitere Ausdehnung des Brückenkopfes Erpel-Linz wurden bis zum 22. März noch weitere Schwimmbrücken zwischen Rolandseck - Honnef, Mehlem-Königswinter und Remagen-Erpel (Deichweg) errichtet, um unter absoluter Luftherrschaft mit massiven Kräften zum weiteren Vorrücken über den Westerwald, Sauerland zum Ruhrgebiet schnellstens die Rheinhöhen einzunehmen. Der rasche Ausbau dieses Brückenkopfes war entscheidend für die bevorstehende Ruhrgebietsschlacht und dem damit verbundenen schnelleren Kriegsende.

90

Transport der Pontons und Higginsboote kurz vor Remagen,   Repro: Slg. H.Krebs

Insgesamt benötigte man für die erste Rheinüberquerung über Pontonbrücken von Kripp nach Linz und von Remagen nach Erpel in Höhe der Fährgasse 60 Pontons und 57 Schlauchboote

Transport der Pontons und Higginsboote kurz vor Remagen, Repro: Slg. H.Krebs)

Kripper Pontonbrücke

Der Bau der schweren Pontonbrücke von Kripp in geradlinier Verlängerung der zum Rhein hin abschüs-sigen damaligen Hermann-Göring-Strasse (heutige Quellenstrasse) im Bereich der ehemaligen Villa Nagel stand unter dem Kommando von Lieutenant Colonel Harvery R. Fraser des 51.Engineer Combat Bataillon.

Ungeachtet der Feindlage im gegenüberliegenden Linz wurde die Pontonbrücke der militärischen Wichtig-keit wegen, auf Anordnung des Chief Engineers Colonel Lyons des III. Corps der 1159th Engineer Group am 10. März nachmittags gegen 16 Uhr unter massiven Artilleriebeschuss aus den nun rechtsrheinischen Mündungsrohren deutscher Geschütze gebaut. Dabei kam direkt zu Beginn ein US Soldat zu Tode und ein weiterer Soldat der helfenden 181st Haevy Ponton Battalion wurde verwundet.

Beplankung der Kripper Brücke 1945 kurz vor dem Linzer Ufer.   Repro Slg. H.Krebs

Um die Pontonbrücke während ihrer Bauzeit der Sicht der schießenden deutscher Artillerie zu entziehen, wurden von den Amerikanern Nebelfässer gezündet.

Oberbefehlshaber war Major Robert B. Gates vom 51.Engineer Batallion. Ihr Gewicht betrug 25 Tonnen und die Konstruktion bekam für etwaige besondere Aufgaben zusätzliche Verstärkungen. Sie war eine Class 40 Brücke und demnach für 40 Tonnen Tragkraft ausgelegt. Die Klassifizierung der Pontonbrücken war eine Notwendigkeit für die Logistik beim Transport und Aufbau, aber bestimmte auch die Anzahl der Transporteinheiten, die gleichzeitig den Rhein überqueren konnten. Die Brücke mit einer Länge von 969 foot bekam später unter anderen den Namen des Majors, welcher der kommandierende Offizier des 552nd Engineer Haevy Ponton Battailons war und durch den Abwurf einer Bombe getötet wurde. 18)

Über die Umstände beim Bau der Pontonbrücke von Kripp nach Linz mit der offiziellen Bezeichnung „ROZICH– BLACKBURN – TOMPKINS – BRIGDE" hinterließ Brigade General John W. Barnes, Captain und Batallionsoffizier der 51.Engineer Combat Battalions nachfolgende detaillierte Beschreibung:

„Am 7. März 1945, Brigadier General William M. Hoge`s Kampfgruppe B von der 9th Armored Division erreichten den Rhein bei Remagen und stellten fest, dass die Ludendorffbrücke immer noch stand. In eigener Initiative bildete er einen Brückenkopf. Diese Aktion wurde sofort General Eisenhower gemeldet, der diese Initiative unterstützte und weitere Truppen zum Brückenkopf schickte.

Das 51st Engineer Combat Battalion bekam am 8. März den Befehl, eine 25 Tonnen schwere Pontonbrücke zu errichten mit der Materialunterstützung des 181st und 552nd Engineer Haevy Ponton Battalions. Als der „S3" der 51th war ich verantwortlich für die Planung, Vorbereitung der Befehle und Instruktionen um die Aufgaben zu erfüllen und Verantwortung zu übernehmen in den Aktivitäten der Konstruktion. Die Pontonbrücke sollte den Rhein überqueren von Kripp nach Linz, 2 kleine Orte, die sich gegenüber lagen und ca. 3 km flussabwärts von der Ludendorffbrücke entfernt waren.

Am Morgen des 10.März erreichte das 51st Batallion den Ort Kripp, rund 40 Meilen entfernt von der vorherigen Position des Bataillons. Alle Teile und Werkzeuge zum Bau der Kripper Pontonbrücke standen zur Verfügung. Der Bau der Brücke begann um 16:00 Uhr am Kripper und Linzer Rheinufer mit den Zugangsrampen, unterbrochen von periodischen Artillerieattacken und sporadischen Beschuss von leichten Maschinengewehrfeuer. Zum Schutz des Brückenbaus wurden Rauchfässer aufgestellt, um die feindliche Beobachtung zu verhindern. Trotzdem gab es sporadisch die Beschussattacken um die Arbeiten zu behindern. Einige Brückeningenieure wurden bei den Arbeiten verwundet, sechs fielen den Angriffen zum Opfer, darunter auch der Commandant des 552nd Haevy Ponton Batallion.

US-Pontonbrückenschutz. Im. Hintergrund der Kripper Wasserturm.Foto: US-Nationalarchiv Washington/Repro: W.Weis

Durch das verschieben der Gummiboote in die jeweiligen Positionen verlängerten wir die Brücke vom Ufer und vergrößerten dadurch den Zug der Ankerseile, die wir ständig in Position halten mussten. Dreifach Ankerseile mussten wir nun benutzen, da gegen Mitte des Stromes die Strömung immer stärker wurde. Die Ankerseile waren jedoch zu schwach und die speziellen Powerboote waren nicht stark genug, die Brücke in Position zu halten, um die Anker zu platzieren. Wir brauchten Hilfe, und die bekamen wir durch das Anfordern von LCVP Booten. LCVP steht für „Landing Craft Vehicle Personal", wie man sie bei der Anlandung in der Normandie benutzte. Man kannte sie auch unter dem Namen „Higgins" Boote.

Zehn dieser Higgins Boote kamen uns zur Hilfe, und sie waren in der Lage, die Brücke zu halten, damit wir ein „one-inch" Stahlseil (25,4 mm) über den Rhein spannen konnten, an denen die Anker eines jeden Pontonteiles befestigt werden konnte. Damit hatten wir das Befestigungsproblem gegen die starke Strömung des Rheines gelöst, der bei cirka 4 Meter pro Sekunde lag. So konnten wir die restlichen Pontonteile montieren bis zur Linzer Seite des Rheines. Endlich, um 19:00 Uhr am 11. März, 27 Stunden nach Beginn der Arbeiten, war die 969 foot lange Pontonbrücke fertiggestellt. Es war die längste fließende Brücke, die jemals unter Artilleriefeuer erstellt wurde. Um 23:00 Uhr begann nun die Übersetzung des Verkehrs. Tagsüber übersetzte alle 2 Minuten ein Fahrzeug die Brücke, darunter auch Panzerfahrzeuge.

Die zweite Pontonbrücke, unterhalb der Ludendorfbrücke war für leichtere Fahrzeuge vorgesehen. Beide Pontonbrücken wurden für den Weg an die Front benutzt und waren in beide Richtungen zu benutzen. Dadurch konnte die Ludendorfbrücke für Reparaturarbeiten geschlossen werden. Die Reparaturarbeiten an der Ludendorffbrücke konnten aber nicht fertiggestellt werden, da die Brücke wegen Materalermüdung einstürzte." 19)

Vermerk: LCVP Boote waren Landungsboote mit 8 Mann Besatzung. Man nutzte sie in Remagen und Kripp, um Truppen über den Rhein zu bringen. Beim Bau der Pontonbrücke in Kripp mussten sie den amerikanischen Ingenieuren zu Hilfe eilen, da durch die starke Strömung der Druck zu groß war, um die Ankerseile der Pontons an den Drahtseilen zu befestigen.

Pausenlos rollte nun der amerikanische Nachschub mit militärischen Bedarfsgütern über diese Notbrücke in die Hauptkampflinie des rechtsrheinischen Westerwaldes. Das Kripper Unterdorf glich vom wartenden Andrang des 9. US-Panzerdivision her einem riesigen Heerlager und Armeedepot.

Geschütze, Panzer, Jeeps drängten sich auf der damaligen Hermann-Göring-Straße an der einzusetzenden US-Kampftruppen vorbei. Alle Straßen, besonders die dortigen Nebenstraßen, waren vollgestopft mit Panzerfahrzeugen und jeglichen militärischen Geräten. Damit der militärische Nachschub komplikationslos über die Pontonbrücke erfolgen konnte, wäre nach unbestätigten Aussagen einiger Dorfbewohner aus militärischer Sicht in Erwägung gezogen worden, die Unterkripp mit Bulldozern dem Erdboden gleich zu machen, wobei vorerst nur der Abriss der unterhalb der Mittelstraße beginnenden linken Häuserzeile der heutigen Quellenstraße erfolgen sollte. Es besteht jedoch die unausgesprochene Vermutung, dass wegen der raschen Frontverschiebung sich der geplante Abriss des Unterdorfes erübrigte. 20)

Eventuelle Abrissplanung der Unterkripp.
Foto: US-Nationalarchiv Washington/Repro: W.Weis

Die ersten Fahrzeuge setzen im 2 Minutentakt über die Pontonbrücke nach Linz. In der Flußmitte stabilisierenden Higginsboote. Repro: Slg.H.Krebs

Deutsche Störversuche

Mit der Errichtung dieses groß angelegten gewaltigen US-Brückenkopfes erwuchsen gegnerische Militäraktionen deutscher Truppen 21) von den Anhöhen des Westerwaldes, die den ungehinderten Blick über die Ebene der Goldene Meile im Kampfbereich freigaben. Alle feindlichen Frontbewegungen in Kripp und Umgebung lagen zur Zeit der Brücken- und Ortseinnahme sowie der Bildung des Brückenkopfes im unbehinderten Feuer- und Beobachtungsbereich der gegenüberliegenden rechtsrheinischen deutschen Truppen, von denen die Ortsperipherie und die offene Feldmark Kripps mit Maschinengewehren bestrichen werden konnte. Von hier aus konnten die deutschen Artilleriebeobachter Feuer auf jegliche militärische Bewegung im operierenden Gefechtsfeld anfordern, um dem Feind erhebliche Verluste zuzufügen bzw. dessen Vordringen einzuschränken, wobei die Pfarrkirche durch einen Treffer im rechten oberen Giebelbereich beschädigt wurde.

Des weiteren folgten nun zur Störung des Rheinüberganges wegen des dichten Flakgürtels unter größten Verlusten, unaufhörlich geflogene deutsche Fliegerangriffe sowie Kampfschwimmerattacken. Erstmals wurden am 14. März Strahlenflugzeuge vom Typ Arado 234 als Vorläufer des Düsenjägers eingesetzt. Diese Neuentwicklung mit Schallgeschwindigkeit, aufgestiegen auf den westfälischen Flughäfen Achmer und Hesepe, hatten Einsätze gegen die Pontonbrücke Linz-Kripp zu fliegen, wobei am 14.März bei einem Gleitangriff aus 500 m Höhe die gegen diese Brücke abgeworfenen

Bomben ihr Ziel verfehlten und eine davon als Volltreffer in eine in Nähe des Linzer Neutores befindliche Flakstellung des 535.(US) AAA Aw Btl niederging und 22 US-Soldaten tötete. 22)

Repro:Slg. Jakob WeilerMomentaufnahme, Rauchwolke nach Explosion der verfehlten Bombe in Linz.Repro:Slg. Jakob Weile

Kripper Pontonbrücke mit Ballonsperren
Foto: Geographisches Institut Keele/ GB/ Repro: Slg.W.Weis

Zum erweiterten Schutz der Kripper Pontonbrücke gegen deutsche Tieffliegerangriffe wurde neben dem Flaksperrgürtel zusätzlich durch eine Ballonsperre der in Belgien liegenden britischen Sperreinheit der 974th P Squadron der Royal Airforce erweitert, die mit ihren an Leinen befestigten mit Wasserstoff gefüllten " 25 Mark IV ballons" ab dem 19. März 1945 Tieffliegerangriffe gegen die Kripper Pontonbrücke unmöglich machten. Die Angriffe nahmen nach dem 17. März infolge der immer weiter drängenden Frontverlegung in Richtung Osten ab. 23)

Insgesamt versuchte die deutsche Luftwaffe im Großraum des Brückenkopfes Remagen bis zu dem 17. März 1945 mit 369 erfolgten Bombenangriffen den Rheinübergang der US-Armee zu stören, wobei die massive US-Luftabwehr aus allen Rohren schießend 109 Abschüsse erzielt haben soll. 24)

Zum erweiterten Schutz der Kripper Pontonbrücke gegen deutsche Tieffliegerangriffe wurde neben dem Flaksperrgürtel zusätzlich durch eine Ballonsperre der in Belgien liegenden britischen Sperreinheit der 974th P Squadron der Royal Airforce erweitert, die mit ihren an Leinen befestigten mit Wasserstoff gefüllten " 25 Mark IV ballons" ab dem 19. März 1945 Tieffliegerangriffe gegen die Kripper Pontonbrücke unmöglich machten. Die Angriffe nahmen nach dem 17. März infolge der immer weiter drängenden Frontverlegung in Richtung Osten ab. 23)

Insgesamt versuchte die deutsche Luftwaffe im Großraum des Brückenkopfes Remagen bis zu dem17. März 1945 mit 369 erfolgten Bombenangriffen den Rheinübergang der US-Armee zu stören, wobei die massive US-Luftabwehr aus allen Rohren schießend 109 Abschüsse erzielt haben soll. 24)

Zur Sicherung der Rheinübergänge des Brückenkopfes gegen deutsche Sabotageattacken und Treibminen wurden neben den aus Benzinbehältern und Baumstämmen errichteten Stromsperren zur Nacht auch CDL-Tanks eingesetzt.

US-Pionier bei der Einrichtung einer Minensperre über den Rhein oberhalb der Ahrmündung   *Foto: US-Nationalarchiv Washington/Repro: W.Weis*

Pioniermaterial zum Bau von Treibminensperren in Höhe der Ahrmündung
Foto: US-Nationalarchiv Washington/Repro: W.Weis

Attacke der Kampfschwimmer

Auf Grund der damaligen militärischen Wichtigkeit entwickelte sich die Lage am Brückenkopf Remagen nach der Einnahme der intakten Ludendorffbrücke durch die 9. US-Armee mit den errichteten Pontonbrücken als spezielle Angelegenheit des Reichssicherheitshauptamtes in Berlin.

Was bisher mit Artillerie, Luftangriffen und Panzerbeschuss nicht gelungen war, sollte nun durch Kampfschwimmer auf allerhöchsten Befehl des Oberkommandos der Wehrmacht vollendet werden. Der unmissverständliche Befehl des OKW lautete:

„ZERSTÖRUNG DER RHEINBRÜCKE BEI REMAGEN UND DER PONTON BRÜCKE IN KRIPP ".

Alle militärischen Operationen zu Wasser im hiesigen Gebiet unterlagen dem Einsatz des deutschen Marineeinsatzstabes und wurden unter dem Decknamen "Lederstrumpf" und "Puma" geführt. 25) Für diese militärischen Operationen wurde am 11. März 1945 Untersturmführer (gleich Lt der Waffen-SS) Schreiber als Leitender der Spezialgruppe Deutscher Kampfschwimmer der Jagdeinheit Donau im SS-Jagdverband Südost mit seinem Team aus 11 Kampfschwimmern vom Oberkommando der Wehrmacht befohlen, als Kommandierender seiner Truppe unverzüglich vom Flughafen Wien mit einem Militärflugzeug nach Frankfurt am Main zu fliegen und mittels eines Militärlasters nach Bad Ems zu gelangen, um sich mit Hauptmann Hellmers, dem Leiter der Kampfschwimmertruppen, der verantwortlich für die Zerstörung britischer Pontonbrücken bei Nimwegen und Kreyskansgogo in der Nähe von Antwerpen war, zu treffen.

Hauptmann Friedrich Hummel, auch unter dem Pseudonym Wimmel, Wimmer bzw. Hellmer bekannt, stand bis September 1944 als Kommandant der Meeresjäger-Abteilung „Brandenburg" vor und gehörte nach seiner Versetzung bis Kriegsende zur Einsatzleitung als Einsatzplaner der Kampfschwimmer im Reichssicherheitshauptamt (RSHA Abt. VI-S), die im SS-Jagdkommando „Donau" zusammengefaßt waren. Er stand unter dem Kommando von Otto Skorzeny, ein wegen seiner 1943 legendären Duce-Befreiung eingegangener SS-Waffenoffizier im damaligen Range eines Hauptmannes. Als Kommandeur der Frontaufklärung II der Waffen-SS war Hellmers im jetzigen Range eines Hauptsturmbannführes der operative Leiter zur Zerstörung der Rheinübergänge am Brückenkopf Remagen. 26) Er hatte den Auftrag eine an den Brückenkopf befohlene Kampfschwimmereinheit der Waffen-SS zu führen. 27) Beide Einheiten waren Teil der Deutschen Marine und hatten das gleiche Trainings-programm wie das SS-Team Schreiber durchlaufen.

Hellmers ordnete Schreiber an, sich in Waldbreitbach den Marine-Kampfschwimmern von Hauptmann Bartels anzuschließen. Der gemeinsame Zusammenschluss beider Kampfschwimmergruppen sollte dazu führen, die auf zwei Widerlagern und zwei Pfeilern ruhende Ludendorffbrücke mit 4 angebrachten Torpedominen sowie parallel dazu die Pontonbrücke bei Kripp zu zerstören.

Der eigentliche Plan der Deutschen Wehrmacht zum Einsturz der Eisenbahnbrücke sollten je 2 zusammen gekoppelten Torpedominen vom Typ C a. 700 kg sein, die mittels einem 9,6 t Einmann-U-Boot "Biber" an die Pfeiler der Ludendorffbrücke herangeführt werden sollten. Jede der beiden Torpedominen waren der Tiefenbalance wegen mit sechs Schwimmkörpern versehen und sollten sich mit der Strömung des Rheines unter Wasser treibend der Brücke nähern.

Das Sprengmaterial für die Remagener Brücke musste man folglich unter die Kripper Pontonbrücke untertauchend transportieren. Um ein gefahrloses und unerkanntes Untertauchen der Minen an der Kripper Pontonbrücke zu gewährleisten, musste die Tauchtiefe der Sprengkörper entsprechend mit angebrachten Schwimmern zwischen der Rheinsohle und Pontonbrücke ausbalanciert werden.

Parallel zu diesem Einsatz sollte eine zweite Mission laufen, die Sprengung der von amerikanischen Pionieren gerade fertiggestellten etwa 2,5 km Oberstrom liegenden Pontonbrücke in Kripp, deren Zerstörung wegen laufender Truppenübersetzungen auf das andere Ufer höchste Priorität eingeräumt wurde.

Dazu hatte man erst unter der hiesigen Pontonbrücke das erforderliche Sprengmaterial anzubringen und sich dann auf das eigentliche Ziel, die Eisenbahnbrücke Remagen zu konzentrieren. Die Zündung der Kripper Pontonbrücke sollte gleichzeitig mit dem Anbringen der Minen an der Remagener Brücke erfolgen. Eine große Herausforderung an die Kampfschwimmer wegen des erheblichen Brückenschutzes durch die Amerikaner an beiden Brücken. Zu diesem Zweck setzte KorvKapt Hans Bartels, der unter dem Decknam-en „Lederstrumpf" die Einsätze der Kampfschwimmer an der Westfront führte, bereits am 9. März das Kommando „Puma" unter Oblt zur See Erich Dörpinghaus nach Hönningen in Marsch.

Die taktische US-Pontonbrücke zwischen Kripp und Linz kurz nach der Fertigstellung
Foto: Repro Weis

Das Kommando „Puma" bestand aus 12 Kampfschwimmern, einem Funkfahrzeug mit 3 Funkern, 3 Mannschafts-LKW mit den Sperrwaffenspezialisten, einem VW-Kübel, einem B-Krad und 3 Lkw`s zum Transport der Torpedominen. Die besondere Schwierigkeit des Einsatzes war die vom Feind unbemerkte Wasserung der „Biber" und deren schweren Minen am rechtsrheinischen Ufer. Da man die schweren Geräte nicht alleine wassern konnte, musste bereits wegen fehlender zugesagter Pionierunterstützung der erste geplante Einsatz am 9.März abgebrochen und die Einsatzgeräte zur Sicherheit gegen Artilleriefeuer nach Rengsdorf verlegt werden. 28)
Obwohl die Chance einer unbemerkten U-Bootwasserung wegen erheblicher Ausdehnung der Brückenkopffront -die Amerikaner standen bereits am 12.3. am nördlichen Ortsrand von Hönningen und hatten das westliche Rheinufer fast von Remagen bis Koblenz eingenommen- immer geringer wurden, wurde ein erneuter Versuch am 13. März von insgesamt 23 „Puma" und Waffen-SS Männern in Rengsdorf gestartet. Infolge Ariebeschuß und fast trans-portunfähigen Straßen musste der Einsatz vor Leutesdorf wiederum abgebrochen werden, da der Gegner das Vorhaben geräuschmäßig erfasst hatte. Die schweren Kampfmittel wurden aus dem Einsatzraum bis zur endgültigen Entscheidung durch OB West bei Dierdorf abgestellt. 29)

Zu einem erneuten und letzten Versuch des Einsatzes von Torpedominen traf man sich am16. März morgens auf einem Bauernhof bei Waldbreitbach, wo Kampfschwimmer der Gruppe Bartels die Torpedos mit 2 Minen mit hochexplosivem Sprengstoff, aussehend wie zwei dunkelgrüne Metallzigarrenteile, für den vorgesehenen Wasserungstransport auf einen zweiachsigen Anhänger gelagert hatten, der als Minentransport zur Wasserung nach Leutesdorf vorgesehen war. Der Transport endete jedoch 3 km vor dem eigentlichen Ziel, wobei der schwere Anhänger wegen des schlechten Straßenzustandes während des Transportes derart beschädigt wurde, dass eine Weiterfahrt unmöglich war und die geplante Wasserungsaktion unverrichteter Dinge abgebrochen werden musste. 30) Wegen derzeit fehlender Einsatzmöglichkeiten wurden die Kampfmittel jedoch präven-tiv trotz größter Transportschwierigkeiten außerhalb des Artilleriebereiches berei-tgehalten. 31)

Auf Grund der gegenwärtigen Feindlage infolge laufender Frontveränderungen ist laut Einsatzbeurteilung von KorvKpt Bartels an die Heeresgruppe von dem Einsatz mit vorgesehenen schwerem Marinekampfmaterial wegen der derzeitigen Unmöglichkeit der Wasserung abzuraten. Ein erfolgversprechender Auftrag wäre nunmehr derzeit nur noch mit zugesagten Kugeltreibminen und Lichtzündgeräten durchführbar und zu befürworten.Wegen Erfolglosigkeit verschiedener Einsätze des Marinekommandos und dem Einsatz von insgesamt 10 V2-Raketen für die Zerstörung der Ludendorffbrücke mit dem Punktziel „Ziel 0309" der Werferabteilung 500 der Waffen-SS „Gruppe Nord" aus Einsatzstellungen in der Nähe von Deventer/Niederlande in den Vortagen, erfolgte ein neuer Befehl, die Remagener Brücke durch den Einsatz beider Kampfschwimmereinheiten in der Nacht zum 16. März durch eine punktuelle Sprengung eines der beiden Brückenpfeiler mittels 28 Sprengstoffpakete „Plastit" a 3 kg zum Einsturz zu bringen. Die Aktion scheiterte ebenfalls wegen unerwarteter Kampfhandlungen während des Transportes, da die eingesetzten 12 Kampfschwimmer erst bei Tagesanbruch verspätet das Rheinufer beim OrtHönningen erreichten und somit nach Abbruch der Mission auf den 17.März verschoben wurde. 32)

Seitenaufnahme der 58 Tagebrücke zwischen Kripp und Linz

Eine geplante Einsatzwiederholung zum 17.3. wurde auf Grund schwerer Häuserkämpfe der letzten Nacht in Hönningen für die kommende Nacht weiter Flussaufwärts nach Hammerstein verlegt, was die Erfolgsaussicht des Unternehmens auf Grund der nunmehr 12 km Entfernung vom Angriffsziel bei einer Wassertemperatur um 8° Grad Celsius reduzierte. Der geplante Kampfeinsatz gegen die Remagener Ludendorffbrücke erübrigte sich am gleichen Tage durch den unerwarteten und völlig überraschenden Brückeneinsturz. Nunmehr ging es nur noch um die Zerstörung der Pontonbrücken.

18. März 1945, letzte SS-Kampfschwimmerattacke

Um nun den raschen Übergang von US-Truppen zum anderen Ufer über die Kripper und Remagener Pontonbrücken zu stören, erhielt Schreiber bei der erneuten Befehlsausgabe in Dierdorf durch Hellmers den Befehl, mit einem zu bildenden siebenköpfigen SS-Kampfschwimmertrupp die Verankerungen der Kripper Pontonbrücke durch Unterwassersprengungen mittels Knetsprengstoffen zu zerstören. „Schwimmt zu der Kripper Brücke und zerstört sie. Sendet zwei Leute mit einem Lastwagen nach Römlinghoven. Gebt dort den Lichtsignalcode und wartet auf den Rest der Kampfschwimmergruppe. Stellt das Startsignal auf 14 Stunden. Die drei anderen Kampfschwimmer werden mit Bartels weiterziehen". Die 7 Froschmänner, die die Attacke auf die Pontonbrücke in Kripp durchführen sollten, waren SS- Unter-sturmführer Walter Schreiber, von September 1944 bis März 1945 Leiter des „SS-Jagdkommandos DONAU", SS Rottenführer Kretchmann, die Sturmmänner Weidemann, Egelhoff und Westmann, sowie die Schützen Vogelsang und Westbelt. Diese sieben gehörten zur Kampfschwimmergruppe SS Jagdkommando „Donau" und standen unter dem Befehl des Reichssicherheitshauptamtes (RSHA) . 33)

Für die geplante Aktion wurden mit einem Militär-LKW sieben Kanister, 28 Sprengstoffpakete „Plastit" a 3 Kg und Nylonsäcke, indem das ganze Tauchgerät eingebunden war, sowie sieben finnische Messer, die einzige Waffe der Kampfschwimmer und luminierte Handkompasse zur neuen Wassereinstiegsstelle nach Hammerstein transportiert, weil infolge erweiterter Frontlinien Hönnigen durch die Amerikaner bereits eingenommen war. Ein mitgeführter Erlaubnisschein B garantierte bei Militärkontrollen eine ungehinderte Durchfahrt.

Bereits vor Hammerstein kam zur örtlichen Einweisung ein Leutnant der 227.Division als Lotse an Bord des Militärlasters. In einer Hausruine am rechten Rheinufer zog man sich Schwimmanzüge mit schwarzen Ledergürtel an und rieb sich zum Schutz vor Kälte und zur Verschleierung mit dunkelgrünem Fett ein. Nach einem Zeitabgleich bestiegen die Kampfschwimmer ein Boot und ruderten zur Südspitze der Insel Hammerstein, wo sie mit ihrer Ausrüstung in die kalten Rheinfluten stiegen.
Für den Taucheinsatz hatte man sich trotz niedriger Wassertemperatur für leichte Tauchanzüge ohne lange warme Wollunterwäsche, Flossen und speziellen Atemschutzmasken entschieden, da man schwere Tauchanzüge mit Sauerstoffflaschen und Atemschläuchen wegen Beschädigungen infolge der Stacheldrahthindernisse an den Pontonbrücken nicht für sinnvoll erachtete.
Hellmers verabschiedete sich von der Gruppe Schreiber mit den Worten, dass sich alle morgen wie vereinbart in Römlinghoven treffen werden. Es sollte jedoch anders kommen!
Den Behälter mit dem Sprengstoff haltend, stiegen die Kampfschwimmer in zweier Reihen im Abstand von 5 Metern in die Fluten. Bei eventuell auftretenden Schwierigkeiten hatte jeder Schwimmer die Pflicht, dies mit erhobener rechter Hand mit dem Finnmesser anzuzeigen. Bereits beim Eintauchen ins Wasser der 7 SS-Kampfschwimmer gegen 21:45 Uhr 34) in die Rheinfluten gerieten sie vom gegenüber liegendem Ufer unter starken amerikanischen Infanteriebeschuss.

Foto, SC 207 478
vom 18.3.1945
US-Nationalarchiv
Washington

Repro, W.Weis

Durch diesen Zwischenfall alarmiert, begannen nun die Amerikaner die Wasser-
oberfläche des Rheines mit ihren Speziallampen abzuleuchten, wobei 2 SS-Kampfschwimmer nur mit kurzen Messern bewaffnet in „rubber swimming uniforms" gegen
23:45 Uhr -vermutlich wegen Unterkühlung- nördlich von Hönnigen ans Ufer
schwimmend durch Angehörige des 164 th Engineer Bataillon gestellt wurden. Bei der
weiteren Ausleuchtung der Rheinfluten konnte stromab oberhalb der Ahrmündung
UstFhr Schreiber mit einem weiteren Kampfschwimmer, der durch die Explosion
infolge Beschuss eines mitgeführten Sprengmittelpaketes verletzt wurde, gefangen
genommen werden.*(Namensdifferenz je nach Quellenlage)
Foto oben zeigt einen bei Kripp gefangener SS-Kampfschwimmer in Taucherausrüstung
Foto: US-Nationalarchiv Washington, SC 207 478 Repro.W.Weis

Ein weiterer Kampfschwimmer wurde bei der Explosion getötet. (*unterschiedliche
Opferzahl je nach Quellenlage) Zwei der SS-Kampfschwimmer mit ihren angehangenen

Sprengstoffpäckchen " Plastit" gelang es jedoch, unbeobachtet die Netzsperren der Pontonbrücken zu untertauchen, jedoch ohne ihre mitgeführten Knetsprengstoffe wegen der Blendwirkung der eingesetzten Speziallampen an den Verankerungen der Pontons gefahrlos zu positionieren. Sie trafen sich in Römlinghoven, um am vereinbarten Treff teilzunehmen.

Auf der Rückseite des Fotos mit dem SS-Kampfschwimmer klebte unten stehender Zettel.

US-Bemerkung Fotorückseite:

SC 207 478, Here is a German saboteur, captured white swimming along the Rhine River near Remagen, in an attempt to destroy U.S.First Army brigdes. His equipment consits of a rubber helmet and gloves, oxygen mask, convas jacket lined with chemicals that give off heat when immersed in water, rubber paints, canvas shoes on which ar fastened hard rubber web feet. 164the Eng.Bn. 3/18/45

Durch diesen Zwischenfall alarmiert, begannen nun die Amerikaner die Wasserober-fläche des Rheines mit ihren Speziallampen abzuleuchten, wobei zwei SS-Kampf-schwimmer nur mit kurzen Messern bewaffnet in „rubber swimming uniforms" gegen 23:45 Uhr -vermutlich wegen Unterkühlung- nördlich von Hönnigen ans Ufer schwim-mend durch Angehörige des 164 th Engineer Bataillon gestellt wurden. Bei der weiteren Ausleuchtung der Rheinfluten konnte stromab oberhalb der Ahrmündung UstFhr Schreiber mit einem weiteren Kampfschwimmer, der durch die Explosion infolge Beschusses eines mitgeführten Sprengmittelpaketes verletzt wurde, gefangen genom-men werden.*(Namensdifferenz je nach Quellenlage)

Ein weiterer Kampfschwimmer wurde bei der Explosion getötet. (*unterschiedliche Opferzahl je nach Quellenlage) Zwei der SS-Kampfschwimmer mit ihren Spreng-stoffpäckchen " Plastit" gelang es jedoch, unbeobachtet die Netzsperren der Ponton-brücken zu untertauchen, jedoch ohne ihre mitgeführten Knetsprengstoffe wegen der Blendwirkung der eingesetzten Speziallampen an den Verankerungen der Pontons gefahrlos zu positionieren. Sie trafen sich in Römlinghoven, um am vereinbarten Treff teilzunehmen.

Nach dem Treff wurde einer von ihnen am 20. März gefangen genommen, während der siebte Kampfschwimmer unentdeckt blieb. Der letzte Befehl der Deutschen Seekriegsleitung für Kripp, die Pontonbrücke zu sprengen, kam durch diese Umstände nicht mehr zur Ausführung.

Die überlebenden Kampfschwimmer wurden sofort verhört, wobei der Kommandant der 99 th Infantry Divison, Major General Walter E.Lauer, den verletzten Schreiber in seinem Kriegsbericht als „...fanatischen österreichischen Nazi....der erst nach 6 Stunden anfing, zu reden", beschrieb.

US-Bemerkung Fotorückseite: SC 207 478, Here is a German saboteur, captured white swimming along the Rhine River near Remagen, in an attemp to destroy U.S.First Army brigdes. His equipment consits of a rubber helmet and gloves, oxygen mask, convas jacket lined with chemicals that give off heat when immersed in water, rubber paints, canvas shoes on which ar fastened hard rubber web feet. 164the Eng.Bn. 3/18/45

CDL-Tanks

Durch den von General Eisenhower zum Absuchen des Rheinstromes autorisierten Einsatz am Brückenkopf durch CDL-Tanks (Canal Defence Light), einer britischen Erfindung, wurde durch deren Blendleucht-en des 488th AAA Aw mobilen Battalion Oberstrom von Kripp am 17. März die bevorstehende SS-Kampf-schwimmerattacke unter dem Befehl Schreibers vereitelt und Gefangene gemacht. Diese enorme Helligkeit von 13.000.000 Kerzenstärke des CDL kam von einem auf einem Schlitten im Panzer montierten Kohlelichtbogen, dessen Strom durch einen 9,5 kV Generator separat ange-trieben wurde. Dieser intensive Lichtstrahl wurde von einem Sammelspiegel erfasst, der eine Parabel in seiner Vertikalachse und eine Ellipse in seiner Horizontalachse war, um einen konvergierenden, und anschließend, von einem Knotenpunkt etwa 150 bis 180 cm von der Lichtquelle entfernt, einen divergierenden, Strahl zu erzeugen. Dieser Strahl, etwa auf dem halben Wege zu seinem primären Brennpunkt durch einen gewöhnlichen Planspiegel aus poliertem Aluminium zurückgeworfen, war auf 1000 m Entfernung in der Lage, ein Gebiet von 340 x 11 m taghell auszuleuchten. 35)

Zwei vor Kripp aufgefischte SS-Kampfschwimmer beim Verhör
106

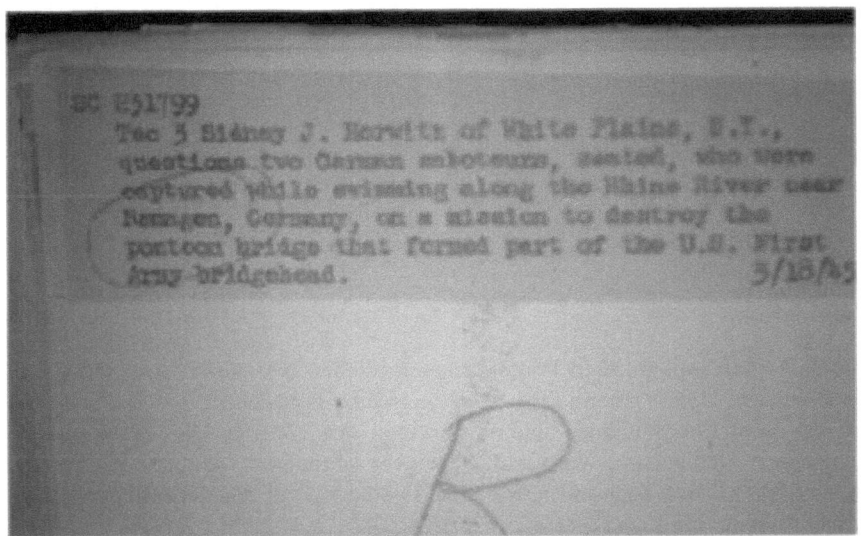

Fotorückseite

19/20. März - Letzter Sprengversuch gegen die Pontonbrücken

Nach dem gescheiterten SS-Kampfschwimmereinsatz sollten nunmehr die Pontonbrücken in Kripp und Remagen mittels der 63 Kugeltreibminen und UMA-Netzsprenggeräten durch die Marine Kampfeinheit zerstört werden.

Auf Grund der neuen Feindlage konnten die zwischen Leutesdorf und Hammerstein zu wassernden 63 Kugeltreibminen a 50 kg jedoch nicht mit Lkw und Pferdegespanne zum Rhein transportiert werden, sondern wurden in der Nacht vom 19/20. März von Monrepos aus von einem aus 126 Soldaten bestehenden Trägerkommando über Steilhänge und dichtem Wald nach einem 10 stündigen mühseligen Marsch in Richtung Hammerstein transportiert. Während einer eingelegten Rast der Trägerkolonne im dichten Unterholz des Bachmühltales kurz vor Leutesdorf wurde durch ein Vorauskommando zur Erkundung der vorgesehenen Wasserungsstelle unter Leitung von Oblt z.S. Dörpinghaus, der mit seinen Kampfschwimmern und Mechaniker-Matrosen den eigentlichen Einsatz zu erledigen hatte, nämlich das Gefechtsfertigmachen und Wassern der 63 Minen, dort bereits US-Panzer und Infanteristen gesichtet.
Die im Waldgebiet versteckte Trägerkolonne wurde von 50 US-Infanteristen bemerkt und mit Panzer- und Artillerieunterstützung unter großen Verlusten aufgerieben 36) Somit scheiterte der letzte Plan der Deutschen Seekriegsleitung zur Zerstörung der Schwimmbrücken im hiesigen Bereich.

Die Beendigung der Kampfschwimmereinsätze und der Luftkämpfe infolge der östlichen Frontverschiebung Richtung Ruhrgebiet bedeutete für Kripp endlich das langersehnte Ende von Kampfhandlungen.

 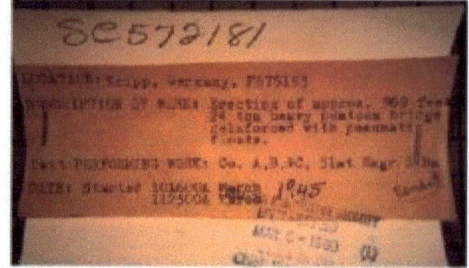

Die „ROZICH-BLACKBURN-TOMPKINS-BRIGDE" zwischen Kripp und Linz. (11.3. bis 7.6 1945). Das rechte Bild zeigt die Rückseite des Fotos mit der Beschreibung der Aufnahme aus dem US-Nationalarchiv in Washington, SC 207 478 Repro Willy Weis

Die ehemals hart umkämpften Pontonbrücken blieben bis zum 7. Juni 1945 weiterhin rein präventiv in Höhe Dattenberg durch 2 Netzsperren gesichert. 37)
Durch das gute Einvernehmen und Vermittlung des von der US-Armee eingesetzten Ortsvorstehers Dannemann war es unter seinem Ehrenwort möglich, aus humanitären Gründen täglich einen Lkw mit Kripper Zivilpersonen auf das gegenüberliegende Ufer zu transportieren. 38)

Quellen:
01) Mündliche Angaben Ignaz Jüssen
02) „Remagen im März 1945", Lothar Brüne/ Jakob Weiler, S.69
03) Zeitzeuge Josef Marx +, Kripp
04) „Oldtimer der Rheinschifffahrt", S.135, gebaut 1925, 1900 PS, Tiefgang 1,50 m, 1946 gehoben
05) „Oldtimer der Rheinschifffahrt", S.119, gebaut 1911, 1150 PS, Tiefgang 1,20 m, gehoben 1946
06) „Oldtimer der Rheinschifffahrt, S. 141, gebaut 1922, 1200 PS, Tiefgang 1,15 m, gehoben 1945
07) „Oldtimer der Rheinschifffahrt, S. 145, gebaut 1886, 850 PS, Tiefgang 1,35 m , versenkt 1945, gehoben und verschrottet 1947.
08) „Oldtimer der Rheinschifffahrt, S. 133, gebaut 1909, 1500 PS, Tiefgang 1,50 m, 1945 versenkt, gehoben 1946.+
09) „Oldtimer der Rheinschifffahrt, S. 131, gebaut 1896, 900 PS, Tiefgang 1,30 m, 1945 versenkt, 1947 gehoben.
10) „Remagen im März 1945", Lothar Brüne/ Jakob Weiler, S.44
11) mündliche Angaben Gerd Dannemann
12) wie 10, jedoch S.63
13) „Dr. Hermann Karsten-Ein Ja zum Leben", von Mathilde Karsten, Kripp, S.48
14) Remagen im März 1945, Lothar Brüne/ Jakob Weiler, S.51
15) "Endkampf am Rhein". D.und W.Withaker,Ullstein Verlag 1994
16) wie 14, jedoch S.208
17) mündliche Angaben des Sohnes Gerd Dannemann
18) Bericht der amerikanischen 30th Armored Division
19) Voices of my comrades,-amerikanische Reserve Offiziere erinnern sich an den

2. Weltkrieg. Editiert von Carol Adele Kelly, © Fordham University Press
20) mündliche Angaben von Franz Breuer+und Friedel Valentin+,Kripp
21) „Sinzig im Dritten Reich", Band II, Kreisarchiv, Manuskript von Heinz Schmalz
22) „Remagen im März 1945, Lothar Brüne/ Jakob Weiler S.167
23) wie 22, jedoch S.163
24) Zeitungsartikel: Remagener Nachrichten 10/2005
25) „Remagen im März 1945", L.Brüne- Jakob Weiler, Remagen 1993, S.172 ff.
26) „German Combat Divers" Library of Congress Catalog Number 2008924542 by Michale Jung, page 136
27) wie Nr. 25, Seite 175
28) wie Nr. 27, S.173-174 , FN 533
29) wie Nr. 27, S. 175
30) „The Underwater saboteurs", B. Brou, Paris 1955. (Foreign Literature P publishing House, 1957 Moskau)
31) „Remagen im März 1945", L.Brüne- Jakob Weiler, Remagen 1993, S.173, Fußnote 533
32) wie Nr. 31, S.180 ff,
33) „U.S.Army in WWII European Theater of operations: The Last Offensiv", by Charles B.Mac Donald, Washington 1973
34) Zeitdifferenzen je nach Quellenlage unterschiedlich
35) Damals und Heute, -Die Überquerung des Rheines, S.50-53
36) wie Nr. 31, S.177-180
37) „1100 Jahre Linz, S.119, Tgb.-Aufzeichnungen Dr. Fr- J. Wuermeling 7.6.1945
38) mündliche Angaben: Gerd Dannemann, Sohn des damaligen Ortsvorstehers

Literatur:
„Remagen im März 1945", L.Brüne- Jakob Weiler, Remagen 1993
„German Combat Divers" Library of Congress Catalog Number 2008924542 by Michale Jung, Page 136
„The Underwater saboteurs", B.Brou, Paris 1955. (Foreign Literature Publishing House, 1957 Moskau)
„U.S.Army in WWII European Theater of Operations: The Last Offensiv", by Charles B.MacDonald, Washington 1973
„Damals und Heute", -Die Überquerung des Rheines, S.50-53) „1100 Jahre Linz", S.119, Tgb.-Aufzeichnungen Dr. Fr- J. Wuermeling 7.6.45) sowie das Diskussionsforum: Feldgrau.net

Anmerkung:
Was das Geschehen der Kampfeinsätze der Marineeinheiten betrifft, so sind fast alle Angaben in den aufgeführten Quellen bis auf geringe Abweichungen identisch. Selbst persönlich durchgeführte Recherchen im US-National Archiv in Washington ergaben ebenfalls keine anderen Ergebnisse.
Militärische Operationen mit derzeit nicht gesicherter Quellenlage fanden in unserem Beitrag Berücksichtigung.

Stromversorgung in Kripp

von Willy Weis / Hildegard Funk

Bis Anfang der zwanziger Jahre des 20.Jahrhunderts dienten teils mit Rapsöl getränkte lichtspendende Öllampen und geruchsintensive Kerzen aus Unschlitt, einem Gemisch aus Rinder- bzw. Hammeltalg mit Wachs oder die blakenden Petroleumlampen den Kripper Haushalten bei einbrechender Dunkelheit als Lichtquellen. Diese Lichtquellen wurden teils ab 1907 durch das aufkommende Gaslicht erweitert. 1)

Dies änderte sich schlagartig durch die revolutionäre Erfindung der Dampfmaschine, die mittels einem aufgesetztem Dynamo elektrische Energie erzeugte und man nun technisch in der Lage war, diese als hochgespannten Strom mittels einer oberirdischen Leitung über fernere Strecken an die Verbraucher zu transportieren.

„Am 18.Dezember 1911 beschloss der Kreistag für die Gesamtversorgung des Kreises die erforderlichen Schritte zu unternehmen. Es wurden Verhandlungen mit dem Kreis Mayen und der auf der Grafschaft bereits bauenden Stromerzeugerfirma „Berggeist" angeknüpft, die zum Abschluss führten. Diese Verträge wurden vom Kreistag am 20. Dezember 1912 einstimmig angenommen, am 13. Februar 1913 die inzwischen endgültig festgesetzte Fassung durch den Kreisausschuss gut geheißen und am 21. Februar 1913 rechtsgültig vollzogen". 2)

So kam es 1914 zwischen dem Stromerzeuger Berggeist AG Brühl, der jetzigen Rheinisch-Westfälischen-Energie (RWE) und der Stadt- und Landbürgermeisterei Remagen als Großabnehmer und Stromversorger für ihre Gemeinde zum Abschluss eines Konzessionsvertrages, einem sogenannten A-Stromlieferungsvertrag. Die Weitergabe der elektrischen Energie an die Haushalte sollte nun zu Lasten der Gemeinde erfolgen, die mittels Kleinverträgen die Abrechnungen direkt mit den einzelnen Stromkonsumenten vornehmen sollten. 3)

Der geplante kreismäßige Netzausbau wurde jedoch durch den Ausbruch des Ersten Weltkrieges eingestellt. Von 1920 bis 1922 kam es zu vertraglichen Änderung zwischen Remagen, Oberwinter und Rolandswerth als Großabnehmer und der „Berggeist AG Brühl" als Stromerzeuger. Für den Verkauf ihrer Energie an Großkunden wurde nunmehr eine Vermittlungsgesellschaft die Thüringer Gasgesellschaft- als Makler zwischengeschaltet, die im Auftrag den Strom en Gros von „Berggeist" kaufte und an die Gemeinde Remagen als Großabnehmer weiterverkaufte. 4)

Im Frühjahr 1921 erfolgte der Ausbau des Leitungsnetzes von Sinzig aus. Während die Hochspannung von Berggeist gebaut wurde, errichtete die Thüringer Gasgesellschaft das Niederspannungsnetz auf Grund der im Jahre 1914 abgeschlossenen Verträge. 5)

Der erste elektrische Strombezug in Kripp wurde in der Gegend der ehemaligen alten Schule in der Ortsmitte durchgeführt. Damals erfolgte die elektrische Versorgung durch Hausanschlüsse mittels direkt am Haus angebrachten Porzellan-Isolatoren an der Fassade, deren zweiadrigen Stromleitungen über ein Porzellanrohr ins Haus zum Stromzähler geführt wurden. Mit dieser schwachen zweiadrigen Stromleitung, die im

Hause gegen Stromschlag mit einer ummantelten Stoffisolierung überwiegend in einem mit Teerpapier isolierten Blechrohr Überputz verlegt wurde, konnte man lediglich nur eine Beleuchtung betreiben. 1921 erhielt die Katholische Kirche elektrisches Licht. 6) 1926 erfolgte die Elektrifizierung des Hauses Quellenstraße 82 7)

RWE

EF 27
Mast Nr. 2u

Vertrag
über den Bau elektrischer Freileitungen.

Zwischen der Firma Rheinisch-Westfälisches Elektrizitätswerk Aktiengesellschaft, Betriebsverwaltung Berggeist in Brühl (Bez. Köln), kurz mit „RWE" bezeichnet.

und

Frau Wwe. Küppers in Küppe-Heistert 22.

, kurz mit „Eigentümer" bezeichnet,

wird als Eigentümer der Grundstücke Gemarkung Sinzig

Flur 5 Nr. 368/80 383/137

folgender Vertrag abgeschlossen:

1. Für den Bau der elektrischen Leitung von Sinzig nach Küppe-Remagen gestattet der Eigentümer dem RWE die Aufstellung — Anbringung — von 1 Leitungsmasten, Stützen, Anker, Streben und die Überspannung der Grundstücke mit Leitungsdrähten, auch das Betreten für den Bau, die Beaufsichtigung und die betriebsmäßige Unterhaltung der Leitung.

Die Erlaubnis gilt für die Dauer der Stromlieferung an — den Kreis, die Bürgermeisterei, — die Gemeinde, — Remagen , mindestens auf 30 Jahre.

2. Bäume und Sträucher dürfen die Leitung nicht gefährden und können notfalls vom RWE oder auch vom Eigentümer beseitigt bezw. ausgeästet werden. Der Schaden ist vom RWE zu ersetzen. Im Bereich der Leitungsanlage und zwar in einem Abstand von 2,50 m beiderseits der Leitungsachse dürfen keine Verrichtungen vorgenommen werden, durch welche den Anlageteilen Gegenstände auf weniger als 3 m genähert werden.

3. Die Inanspruchnahme der Grundstücke hat mit möglichster Schonung zu erfolgen. Das RWE ist verpflichtet, dem Eigentümer oder dessen Pächter alle nachweislich entstehenden Flurschäden zu ersetzen.

4. Über die Leitungsführung und Aufstellung der Maste besteht Einverständnis. Die Pläne lagen bei Vertragsabschluß vor, wurden eingesehen und besprochen.

5. Das RWE zahlt dem Eigentümer für die Beanspruchung der Grundstücke eine jährliche Anerkennungsgebühr von M. 1,50 , zahlbar jedesmal am 1. April im voraus. Das RWE kann diese Anerkennungsgebühr für längere Zeit im voraus entrichten.

Gebühr zahlbar ab 1.4.45.

111

RWE

Für den Stromabnehmer.

Anmeldung

Ort: _Bremingen_, ... Name des Abnehmers: _Hüppen Jakob._

Straße: ... Haus-Nr. _22_ Stand:

Plan-Nr.

Tour Nr.

Bürgermeisteramt: Name des bisherigen Abnehmers:

Unterschrift des Stromabnehmers sowie des Hauseigentümers s. Rückseite.

Von der Installations-Firma genau auszufüllen.

Für den Hausanschluß	ist einphasige zweiphasige dreiphasige	Ausführung mit ohne	Nulleiter vorhanden	te Anlage im Hause — Erweiterung — Trennung Wiederanschluß		
	wird einphasige zweiphasige dreiphasige	Ausführung mit ohne	Nulleiter benötigt	Zähler notwendig		

	Lampen		Steckdosen		Geräte								
Am Licht-Zähler	Anzahl	kW	Anzahl	kW	Anzahl	kW	Anzahl	kW	Anzahl	kW	Anzahl	kW	
Vorhanden													
Zugang													
Abgang													
Endbestand													

	Steckdosen		Geräte								
Am Kraftstrom-Zähler	Anzahl	kW	Anzahl	kW	Anzahl	kW	Anzahl	kW	Anzahl	kW
Vorhanden										
Zugang										
Abgang										
Endbestand										

Inhalt de... Heißwasserspeicher : ... und ... liter

	Motoren		Summe		Steckdosen		Geräte					
Am Kraft-Zähler	PS	kW	PS	kW	Anzahl	kW	Anzahl	kW	Anzahl	kW	Anzahl	kW
Vorhanden												
Zugang												
Abgang												
Endbestand												

..., den ... 19...

Verwendungszweck de... Motor

Nur vom RWE auszufüllen:

Anschluß bewirkt am:		Anschlußgebühren RM:		Schaltzeiten genehmigt am
Stromzettel		gegeben am		Fertigmeldung gefordert am
Nachweiskarte ausgestellt am		Anschlußgebühren RM:	bezahlt	Fertigmeldung eingegangen am
zurückerhalten am		am		

Eine Ausnahme bildeten jedoch die zwei Villen des Lederfabrikgründers Heitemeyer und des Grafen Taveggi auf dem Batterieweg, heute Nr. 16-18 und 22. Hier dürfte bereits um 1905, also über 15 Jahre vor der eigentlichen Ortselektrifizierung schon das erste elektrische Licht in Kripp gebrannt haben. Für diese Behauptung spricht eine alte von uns aufgefundene Bauzeichnung, in der dokumentiert ist, dass dort in einer vom Pferdestall umgebauten Autogarage mittels eines Benzin betriebenen Generators elektrischer Strom für das dortige Anwesen erzeugt wurde. 8)
Clemens Heitemeyer, Lederfabrikbesitzer in Amerika und Kripp, dürfte diesen Generator als damalige Errungenschaft bei seiner Übersiedlung nach Kripp mitgebracht haben, um hier im Ruhestand nicht auf diesen in Amerika gewohnten Luxus zu verzichten.
Die zu damaligen Zeiten neu in der Stube installierte leuchtschwache Glühlampe von 16 Watt, die eine Leuchtstärke von 16 Normalkerzen hergab, verdrängte die bisherigen verschiedenen schummrigen Lichtquellen. Hieraus resultiert auch die damals geläufige Leuchtkraftbezeichnung der Glühbirnen "16 kerzig".

Mit zunehmender Verbesserung der Stromqualität wurde später sukzessiv das Ortsnetz mit mehr Power verstärkt. Mit deren Energie war man nun in der Lage, Maschinen direkt mit Elektroenergie zu betreiben. Dadurch entfielen die in den Betrieben zum Maschinenantrieb dampfbetriebenen ledernen Transmissionsanlagen.
Einen Sonderstatus bildete jedoch die Lederfabrik, die für ihre Eigenstromerzeugung bereits über einen eigenen dampfgetriebenen Generator verfügte.

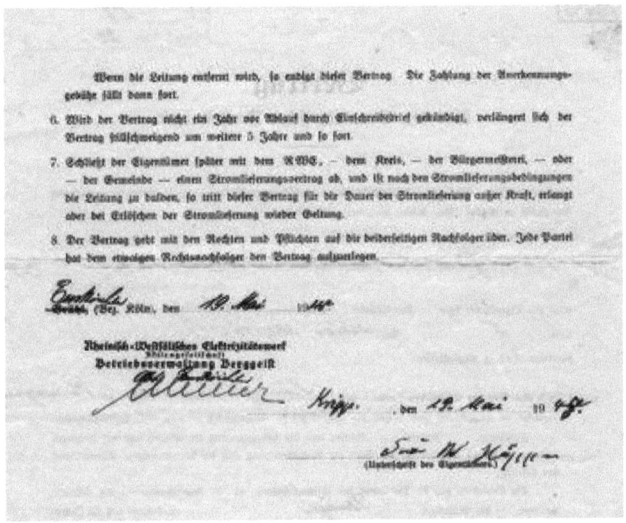

Leider ließen sich keine genaueren Aufzeichnungen oder alte Rechnungsbelege mehr finden, die einen genaueren Aufschluss über den Stromausbau in Kripp aufzeigen. Gebietsweise wurden nach 1980 die über den Hausdächern vorhandenen alten Freileitungen für die Hausanschlüsse durch neue Erdleitungsanschlüsse ersetzt, ausgenommen gewisse Teilgebiete im Hochwassergebiet der Unterkripp,

Die heutige elektrische Grundversorgung für Kripp erfolgt durch den Energiekonzern RWE- Regionalzentrum Rauschermühle.

Quellen

1) Vereinschronik 1912 der Schützengesellschaft 1837 Kripp zum 75 jährigen Jubiläum
2) Heimatjahrbuch Kreis Ahrweiler 1971, S.100, Josef Hoss
3) Archiv Berggeist Brühl
4) Archiv Berggeist Brühl
5) Chronik der Stadt Remagen von 1879-1931, Heft 6, S.42, Klaus Flink
6) Kath. Pfarrarchiv Kripp
7) Angaben des Zeitzeugen Paul Ueberbach+, Kripp
8) Baugenehmigungsunterlegen 1905 /Kopie: Archiv Weis/Funk

Kripper Bodenschätze Lehm, Sand und Kies

von Willy Weis / Hildegard Funk

Bodenschätze:

Kripp ist, was die Bodenbeschaffung angeht, besonders reichlich mit einem Erbe gesegnet, das teilweise bis in die Eiszeit zurückverfolgt werden kann. Seien es die Kies- und Sandvorkommen, oder die Lehmvorkommen unter der darüber deckenden fruchtbaren Lössschicht der Ackerkrume dank alluvialer Auflandungen. Des weiteren noch ein Mineralwasservorkommen aus den Erdverwerfungen aus der Zeit des Vulkanismus.

Nicht nur das fruchtbare Schwemmland im Ahrmündungsbereich mit seinem milden Klima, hervorgerufen durch die ringsum befindlichen schützenden Berge schafften für den Agrarbereich die besten Voraussetzungen, sondern ergiebige Stellen wertvollen Baumaterials zeichnen sich besonders hier dank alluvialer Auflandungen in dieser Niederung aus.

Dieses Erbe, dass es auszubeuten galt, veränderte die Ortsstruktur im Wandel der Zeit zwischen dem 18. und 20. Jahrhundert und sorgte für das Wohlergehen des Ortes.

Die 1810 in Preußen eingeführte Gewerbefreiheit als wirtschaftliches Grundrecht öffnete der Industrie im ländlichen geprägten Kripp Tür und Tor. Nach und nach siedelten immer mehr Betriebe an. Die rauchenden Schornsteine beherrschten fortan die Ortssilhouette von Kripp. Einer von ihnen war der 33 m hohe Schornstein der 1889 errichteten Ringofenziegelei von Plücker & Robbert in Kripp.

Kies und Sandvorkommen

Außer Lehmvorkommen zeichneten sich in Kripp besonders ergiebige Stellen wertvollen Baustoffes von Sand und Kies aus. Diese unterirdischen Vorkommen, teilweise als meterdicke Kies-und Sandbänke, befanden sich unterhalb einer Lehmbodendecke.

Wie aus geologischen Nachweisungen der königlichen Regierung zu Coblenz von 1858 hervorgeht, sind *„unterhalb der Ahrmündung bei Kripp Ablagerungen von feinem, scharfkantigen Rhein-und Ahrsand im großen Maße vorhanden, die auf Kripper Grundstücken liegen, den man mit einem Theil Kalk zu 2 ½ Theil Sand für alle Maurerarbeiten benutzen kann. Die Schachtruthe kostet in Kripp 1 Thlr und 15 Sgr, die Fracht beträgt 15 bis 25 Sgr. mit dem Schiff".* **1)**

Diese reichhaltigen Kies-und Sandvorkommen galt es im Tagebauverfahren ausgebeutet zu werden. Unzählige Kies- und Sandgruben reihten sich fortan nebeneinander entlang der natürlichen Abbruchkante der Oberterrasse zur Flutterrasse am gesamten Batterieweghanges bis hin nach Remagen und wurden vom Sandweg aus bewirtschaftet.

Des weiteren wurden die befindlichen Kiesvorkommen auf der Oberkripp bis hin zur Bahntrasse am westlichen Ortsgrenzbereich überwiegend schon zum Ende des Ersten Weltkrieges ausgekiest. Wie unter anderem die ehemalige verfüllte Kiesgrube an der Lederfabrik (Sportplatzgelände), Schulgebäude im Maar und das Pfarrheimgelände an der Voßstraße/Ecke Neustraße wobei das Haus der ehemaligen Schreinerbrüder Todt mit der Vorderfront unweit der Kiesgrubenkante errichtet wurden. Des weiteren im Badenackerhang im heutigen Friedhofsbereich.

Diese an der natürlichen Abbruchkante der Oberterrasse zur Niederterrasse hin unzähligen
Kiesgruben reihten sich wie eine Perlenkette entlang
am gesamten Hang des Batterieweges, bis hin nach Remagen nebeneinander

Die restlichen Gruben sind bis auf die Kiesgrube Wahl in der Voßstraße/Neustraße und die große Kiesgrube der Beton-Union im Bereich der Lederfabrik verfüllt. Es finden derzeit in Kripp keine „Auskiesungen" mehr statt. Je nach Verwendung des Kieses war jedoch zu beachten, dass zum Betonieren ausschließlich Rheinkies Verwendung fand, weil Ahrkies wegen seines anhaftenden Lehms nicht zum qualitativen Betonieren geeignet war und überwiegend zum Verfüllen benötigt wurde. Grund war die flache Steinquali-tät, an den die dünne anhaftende Lettschicht ein Bindeeffekt mit Beton nicht zu lies und die Betongüte an Festigkeit verlor. Erschwerend kam hinzu, dass im Winter durch die Lettschicht des einbetonierten Kieselsteines Wasser aufspeicherte und bei extremem Frost den Beton zum Bersten brachte. **2)**
Bis annähernd vor dem 2. Weltkrieg herrschte in den Kripper Sand-und Kiesgruben eine rege Betriebsam-keit, indem unsere Vorfahren per Schaufel in 10 stündiger Arbeitszeit den Sand und Kies abbauten. Diese recht mühevolle Arbeit wurde durch mechanisierte Abbaumethoden abgelöst. Bei größeren Gruben mit zusammenhängenden Abbauflächen wurden auf Schienengleise fahrende Feldbahnloren eingesetzt.
Einer der Ersten war der Kiesgrubenbesitzer Johann Wahl, der in seiner Kiesgrube an der Voßstraße auf Fortschritt mittels Bagger und Mischanlage setzte.
Eine Ausnahme bereits zu Kaisers Zeiten bildete jedoch im Sommer 1918 aus eine militärischen Notwendigkeit heraus der maschinelle Einsatz eines riesigen Eimerketten-baggers am westlichen Ortsausgang der Oberkripp im heutigen Bereich.

„Am Bakerloch"

-Geschichtliche Hintergründe eines Straßennamens-

Im Rahmen der von uns bereits 1994 angestellten Aufarbeitung der Ortsgeschichte berichtete der Zeitzeuge Michael Schumacher (1902-2000) recht detailliert über den Einsatz eines riesigen monströsen Eimerkettenbaggers zu Ende des Ersten Weltkrieges am westlichen Ortsausgang, der zu damaliger Zeit die Kripper in Erstaunen versetzte. 3) Um die damalige festgefahrene militärische Situation im Ersten Weltkriege an der Westfront zu lösen, wurde eigens nur für den Krieg von 1916-1918 die Remagener Ludendorffbrücke gebaut, um somit die Front auf dem kürzesten Wege mit Kriegsmaterial zur versorgen. Dazu plante man aus logistischen Gründen eine Eisenbahnlinie vom Ruhrgebiet aus bis zum Anschlussgleis des Ahrtales bei Kripp um in Richtung Westfront zu gelangen. Für die Rheinüberquerung war der Bau einer Brücke bei Erpel sowie für die Anbindung an das rechtsrheinische Schienennetz ein Tunnel durch die Erpeler Ley geplant.

1916 wurde mit dem Brückenbauwerk begonnen, wobei auch russische Kriegsgefangene eingesetzt wurden. Ausführende Firma des 4.642 t schweren zweigleisigen Brückenbauwerkes war die Mannheimer Firma Bilfinger Berger S.E.

Für die Anlegung eines im Kripper Feld liegenden Schienennetzes waren für den Bahndamm ungeheure Mengen Auffüllmaterial erforderlich. Diese enormen Erdbewegungen waren zu damaliger Zeit nur mit einem auf Schienen gelagerten Eimerkettenbagger rentabel zu bewältigen, der bei zusammenhängenden Abbauflächen mit Grubenfronten von mehr als 100 m Länge sowie einer Abraumhöhe von mehreren Metern ein theoretisches Ladevolumen von weit über 100 m³/h Abraum und Kies, selbst bei ungünstigsten Abraumverhältnissen schaffte. Ein solcher Riesenbagger befand sich im Flurdistrikt „Im Bruch" an der Römerstraße am jetzt befindlichen Baggersee der ehemaligen Kiesgrube der Firma Beton-Union .

Der auf einem langen Gleisstück befindliche Bagger tätigte seine Vorwärtsbewegung von selbst, in dem er sich in die dort befindlichen Kiesbänke ununterbrochen hineinfraß. Dadurch wurde das ganze Profil der Grube angeschnitten. Musste der Bagger wegen seiner vollendeten Ausbeutung seitlich an eine neue Schürfstelle herangeführt werden, so wurde dieser zur Entlastung des neu zu verlegenden Schienenstranges auf das gegenüber liegende Schienenende befördert. Das unbelastete Gleisende wurde mittels schweren Brechstangen soweit wie möglich an die neue Abraumstelle gewuchtet, den Bagger zum anderen Gleisende gefahren und die gleiche Prozedur wiederholte sich, bis der Bagger in der neuen richtigen Abräumposition stand. Dabei kamen auch die 2 Riesenfindlinge von annähernd je 50 Zentner, die heute rechts und links den Friedhofsparkplatz begrenzen, zu Tage. Das teils mit Lehm der oberen Abraumbänke benötigte gemischte Abraummaterial wurde für die Aufschüttung der Bahndämme der im Zuge der Anbindung im Kripper Feld befindlichen Eisenbahntrasse direkt mittels Loren zum Zielort transportiert.Von 1920 bis in die sechziger Jahre des vorigen Jahrhunderts war der Bereich um dieses Baggerloch als ugs. Ortsbezeichnung „Bakerloch" bekannt für die Kripper Kinder der Inbegriff eines unvergessenen Spielparadieses.

2009 wurde im dortigen Neubaugebiet eine in diesem Bereich von der Römerstraße abzweigende neu angelegte Straße „Am Bakerloch" benannt.

Foto: *Kettenbagger der Mannheimer Firma Bilfinger Berger (Firmenarchiv)*

LHKO 441/23979
Nach mündlichen Angaben des Zeitzeugen Balthasar Wahl, Kiesgrubenbesitzer +, Kripp
Nach mündlichen Angaben des Zeitzeugen Michael Schumacher, * 1902 Kripp

„Et Leimbäckerdorf Kripp"
Aufgrund gewaltiger Lehmvorkommen dank des alluvialen Erbes wurden vor der Mitte des 19. Jahrhunderts eine Anzahl von handwerklichen Kleinziegeleien als „Steine verarbeitende Betriebe" hier ansässig, die meistenteils im Familienbetrieb oder als bäuerliche Nebenbetriebe geführt wurden und deren Lehmausbeutung im Tagebauverfahren die Kripper Familien über 150 Jahre ernährte. Den Grundstoff des Ziegels lieferten in großer Mächtigkeit die natürlichen und oberflächennahen Lagerflächen des Kripper Auenlehms, als geologische Eigentümlichkeit einer Auenlandschaft von Tausenden von Jahren.
Der gesamte Oberbelag des hiesigen Lehmbodens wurde als abbauwürdig erachtet, so dass zur Glanzzeit der Ziegeleien die Straßen ab 1850 als höchste Erhebungen des Ortes wie ein gespenstisches Geripppe das Ortsbild beherrschten.
Der im offenen Tagebau geförderte Lehm an Ort und Stelle in der Feldflur abgestochen, aufgeweicht und unter der menschlichen Beherrschung der vier Elemente Erde, Wasser,

Luft und Feuer mittels manuelles Formen durch Einwurf in hölzerne oder eiserne Kästen entsprechend verwendungsgerecht zu Ziegeln gemacht und nach erfolgter Lufttrocknung in Holz bzw. Kohle beheizten Meiler durch Brennen verfestigt.

Aufgrund zahlreicher Kleinbetriebe war fast der gesamte Ort von Straße zu Straße überwiegend ausgeziegelt und später mit Abraummaterial wieder verfüllt worden.

Dieses ehemalige Naturprodukt Feldbrandziegel als *„Steine der Vergangenheit"* stand als Zeugnis der Lehmausbeutung, die einst über 150 Jahre die soziale Struktur des Ortes bildete.

Diese Eigenschaft brachte dem Ort Kripp zu damaligen Zeiten den volkstümlichen ugs. Ortsnamen *„Et Leimbäckerdorf"* Kripp ein. **1)**

Struktur des Ortes Kripp

Nach dem Erkennen und der Ausbeutung von Bodenschätzen im Tagebauverfahren und der daraus resultierenden Ausweitung von Ziegeleien, der in Kripp ein bemerkenswerter Umschichtungsprozess in der Struktur der Landbevölkerung durchführte, entwickelte sich ab 1800 bis zum späten Anfang des 20. Jahrhunderts ein neuer, bedeutender Gewerbezweig des Ortes.

Der eigentliche Aufschwung der Ziegeleien begann aber mit dem aufkommenden Kohlenbergbau nach 1800, wodurch das mittels Schiffsfracht transportierte neue Brennmaterial Kohle die bisherigen holzbeheizten Meiler durch die neuen mit Kohle beschickten Feldbrandöfen verdrängten. **2)**

So entwickelte sich im Weiler Kripp schon vor 1800 ein Ziegelgewerbe zur Herstellung von Mauerziegeln als standortbezogener Gewerbezweig dank des alluvialen Erbes komplikationslos bis 1900. Wegen seiner Festigkeit und Wetterbeständigkeit eignete sich dieser preiswerte Grundstoff besonders für die Bauindustrie, wo er in Massen für den Bau von Menschenunterkünften bis zum Ersten Weltkrieg gebraucht wurde. Das Ziegelsteinformat von 25x 12x 6,5 cm wurde damals für die Fabrikation sowie der jahrelangen Handhabung aus der Praxis heraus als das günstigste und zweckmäßigste Maß ermittelt. Das Raummaß eines erstklassigen wetterbeständigen, farbechten und kernhaften Ziegels betrug 1950 ccm und hatte ein Gewicht von 4 kg., wobei der Hintermauerungsstein bei gleichen Ausmaßen nur 3,5 kg wog. **3)** Kripp, damals fast ausschließlich nur aus land-und wasserwirtschaftlichen Gewerben bestehend, wandelte sich nach dem Niedergang der Leinschifffahrt Mitte des 19. Jahrhundert. Aus den Rheinhalfen wurden nun Ziegler. Um 1860 waren mit 46 Tagelöhner und 5 Ziegeleibesitzer fast die Hälfte aller Kripper Haushaltungsvorstände in den damaligen Kripper Feldziegeleien beschäftigt. **4)** Hinzu kam noch die aufstrebende Industrialisierung, die es den Krippern als Tagelöhner in den vielen Kleinbetrieben ermöglichte, annähernd ein gesichertes Wetter-und Katastrophen unabhängiges Einkommen zu erzielen. Ab 1898 verdrängte in Kripp am westlichen Ortsausgang die fabrikmäßige Ringofenziegelei sukzessive die „wilden" Feldziegeleien, die sich ehemals vom Rheinufer bis zur westlichen Eisenbahnlinie, sowie vom Badenacker bis zur Flur „Im Maar" erstreckten.

Ziegeleigebiete

Die mächtigen Lehmlager von Kripp erstreckten sich vom Rhein westlich aufwärts bis zur Eisenbahnlinie Köln-Koblenz. Der gesamte Oberbelag des hiesigen Lehmbodens wurde als abbauwürdig erachtet, so dass zur Glanzzeit der Ziegeleien die Straßen ab 1850 als höchste Erhebungen des Ortes wie ein gespenstisches Gerippe das Ortsbild beherrschten. Aufgrund zahlreicher Kleinbetriebe war fast der gesamte Ort von Straße zu Straße überwiegend ausgeziegelt und danach mit Abraummaterial wieder verfüllt worden. 5)

Als bekannt waren auf der Oberkripp ausgeziegelt das Gebiet Römerstraße in westlicher Richtung, das Gebiet Römerstraße bis zur Voßstraße, des weiteren das Gebiet von der Voßstraße bis zur Mittelstraße, das Gebiet Mittelstraße bis Batterieweg im Großbereich der Fa. Irmen und der jetzigen Rosenstraße, ausgenommen die Liegenschaften der Häuser Breuer, Schittko und Schmitz. Diese Ziegeleigebiete begrenzten sich vom Badenackerhang in nördlicher Richtung bis hinter den Baumschulenweg., *Weiterhin nach Remagen zu ist der Boden zu mergelhaltig und liefert keine guten Steine. Die Mächtigkeit der brauchbaren guten Lehmlager in Kripp beträgt cirka 7 Fuß, darunter liegt feiner Treibsand."* 6)

Im Bereich der Unterkripp waren vom Sandweg bis zum Rheinufer, im Bereich „Auf der Schanze", außer den Liegenschaften Marx und Diedenhofen, die Ziegelgruben und der Brennofen des Josef Hertgen angelegt. Dieser erste Nachweis in Nähe der 2. Fähranlegers ergibt sich aus dem Text des § 1 der Rema-gener Polizeiverordnung vom 21. Juni 1855, woraus die Badegrenze des o.g. Feldbrandofen Erwähnung findet. 7)

Hier dürften vermutlich auch die Ziegel der Rheinfronthäuser schon vor 1800 in teils noch mit Pappelholz beschickten Meilern gebrannt worden sein. Des weiteren entstand im Laufe der Jahre aus der dortigen ehemaligen Ziegelbude nach mehreren Erweiterungen das ehemalige Restaurant „Lindenhof", Ecke der Straße „Auf der Schanze". 8)

Einer im Landeshauptarchiv Koblenz unter der Findnummer 441/ 23979 aufgefundenen gutachterlichen Archivalie zufolge erfuhren wir mehr über die „künstlichen Steine, als Mauersteine und Dachsteine" des Josef Hertgen zu Kripp mit folgender Bewertung: *„Josef Hertgen zu Kripp und mehrere andere daßelbst ziegeln auf ihren Feldern zwischen dem Dorf Kripp und Godenhaus, unweit der Cöln-Mainzer Straße rechts und links neben der Ahr-Bezirksstraße Ziegelsteine von 10" Länge, 4,8" Breite und 2½" Dicke. Die braunen Ziegelsteine werden in Feldöfen gebrannt und nach gewöhnlicher Art verfertigt. Der Preis beträgt a 1.000 vom Ofen zu 5 Thaler und 10 Silbergroschen.*9)

Josef Hertgen dürfte wohl der größte Ziegeleibesitzer des Ortes gewesen sein.

Den Böschungsdamm oder Abtrennung zwischen zwei aneinanderliegenden Ziegelfeldern nannte man ugs. "RIPPS bzw. REMMEL". Er diente als Claimgrenze und als Sicherheitsabstand gegen Erdeinbrüche. Bei konkurrierenden Streitigkeiten der Ziegelarbeiter wurden diese aus Rache bei Nacht und Nebel gerne ineinander gehauen. Der ehemalige Weg am Ende der Voßstraße, von der Straße "Am Ziegelfeld" bis zur Neustraße diente als Remmel, da die westliche Seite bis zur Römerstraße ausgeziegelt wurde und dort auch ein Brennofen stand, sowie auf der östlichen Seite die gesamte Fläche bis hin zur Mittelstraße ausgeziegelt und später aufgefüllt wurde. Beide Ziegelfelder wurden durch die Quellenstraße und Neustraße abgrenzt. Lag kein Bedürfnis einer planmäßigen Ausbeutung vor, so wurden die Ziegel nach Möglichkeit an Ort und Stelle eines größeren Bauvorhabens handwerklich gefertigt und in einem dort eigens errichteten Feldbrandofen gebrannt. Voraussetzung war jedoch ein geeignetes Lehmvorkommen.

So befanden sich die Brennöfen für die Kirchen-und Wasserturmziegel unmittelbar am Badenackerhang hinter der Weinbergstraße, wo die dortigen hinteren Hausgärten der Quellenstraße zu diesem Zweck ausgeziegelt wurden, des weiteren für das Jugendheim auf dem Batterieweg in der Neustraße, wo unter Aufsicht des Kripper Brennmeisters Hammer und dessen Schwiegersohn Schwipperich Ziegel gebrannt wurden. **10)**

Wegen der hervorragenden Qualität des hiesigen Rohstoffes, seiner guten Bearbeitbarkeit und seiner geringen Wasseraufnahme wurde die qualitativ guten braunen Kripper Ziegelsteine bis nach Köln hin von den Architekten geschätzt. Sie ließen sich hervorragend verarbeiten. (mündliche Angaben Ignaz Jüssen und Balthasar Wahl, beide Kripp +) Dieses Behauptung belegt auch ein Tagebucheintrag eines Jacob Schmitt aus Oeverich (1831-1852), das in der Grafschaft trotz der örtlich der näher liegenden Ziegeleien Bölingen und Meckenheim für „qualitativ bauliche Extras" Kripper Ziegelsteine *„550 von der Krippe, per 100 für 12 Silbergroschen"* von den Architekten bevorzugt wurden.**11)**

Ziegelbrunnen, ugs."Pötze" genannt.

Die handwerkliche Ziegelherstellung im Handstrichverfahren erforderte ein sehr weiches und wasserreiches Material.

Um eine bessere Konsistenz des Lehm zu erreichen, musste ausgiebig Wasser zugesetzt werden. Aus dieser Notwendigkeit heraus wurden vor Errichtung einer Ziegelgrube ein Brunnen, ugs. "Pötz" genannt, getrieben. Dieses geschah mittels eines abgestuften 5 cm dicken, annähernd 2 Meter großen Eichenholzringes, der an der Örtlichkeit des zu errichteten Brunnens auf das Erdreich gelegt und auf diesem ein Ringmauerwerk aus Ziegel bis in Brusthöhe errichtet wurde. Mittels Eimer wurde über eine Zugvorrichtung die gleiche Erdmasse der Mauerwerkshöhe von innen im Schacht ausgehoben. Die Last der aufgelegten Ziegelsteine drückte den hölzernen unterminierten Brunnenring immer tiefer, je mehr Erde unter ihm von innen entfernt wurde.

Durch ständiges langsames Abgleiten des überflurig gemauerten Ringschachtes infolge seines Eigen-gewichtes in die Tiefe konnte der Brunnenring fortlaufend in bequemer Höhe Überflur weiter gemauert werden. Diese wechselnden Arbeitsgänge verliefen so lange, bis der Ringschacht den Grundwasserspiegel erreichte, zuzüglich 1-2 Meter Reservetiefe für Grundwasserspiegelschwankungen infolge langer Dürre. Der Grundwasserspiegel auf der "Oberkripp" lag bei annähernd 12 Meter Tiefe.

Einer dieser Brunnen befand sich auf dem heutigen Kiesgrubengelände der Fa. Wahl in der Voßstraße, dessen Eichentragring um 1995 nach annähernd 100 Jahren unversehrt in 14 m Tiefe aus dem Grundwasser gebaggert wurde. **12)**

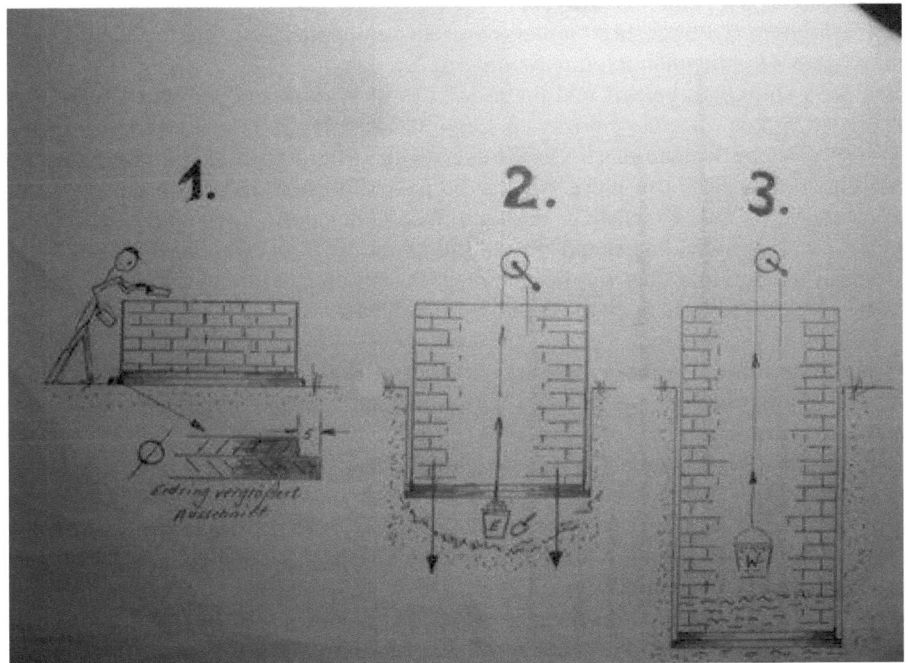

Archiv Weis

Aus Sicherheitsgründen mussten die nicht mehr benutzten Brunnen der ausgeziegelten Felder gänzlich verfüllt werden. Grund war der Einsturz eines Pferdes in einen mit Bohlen und Erdreich behelfsmäßig abgedeckten Kripper Ziegelbrunnens.

Von diesen verfüllten Brunnenschächten sollen sich annähernd 12-14 auf dem Kripper Hochplateau befinden, so dass ergo sich in diesem Bereich gleich viele Ziegeleien befunden haben müssten.

Als bekannte weitere Pötze befanden sich für die Ziegelei im Badenacker, die eigens für die Herstellung der Ziegel für die Kirche und den Wasserturm eingerichtet wurde, hinter der Scheune des heutigen Anwesens Jüssen, Quellenstraße 147, des Weiteren im Hofbereich des ehemaligen Anwesens Weis-Funk, Voßstraße 6-8, neben der "Ziegelbude", einem heute noch erhaltenem Hintergebäude auf dem Anwesen Lüttgen, Voßstraße 4, sowie auf dem Grundstück Josef Marx, Rheinallee 30 a. **13)**

Kripper Feldbrandziegeleien

Recht interessant waren die Angaben des Zeitzeugen Balthasar Wahl (+2002) der uns aus den Überlieferungen seines Vaters Johann Wahl (1880-1950), ehemaliger Brennmeister bei Rasselstein in Andernach und Kripper Brennmeister, Ziegel- und Kiesgrubenbesitzer, die Betriebsabläufe in seiner Ziegelgrube in der Voßstraße, zwischen der Neustraße und der Straße „ Am Ziegelfeld" recht illustriert wiedergab.

Die gleichen Arbeitsabläufe für eine Ziegelherstellung dürften stellvertretend für alle anderen damaligen Feldziegeleien sein.

Nach erfolgtem Lehmabstich mittels Spaten schleppten die Ziegler den Lehm in Lehmvögeln (Lehmbehälter zum Schultern) in naheliegende große Holzbottiche, in denen die Lehmvögel geleert und deren Inhalt mit Wasser aus der "Pötz" angereichert mit bloßen Füßen zu einer bildsamen Lehmmasse solange getreten, bis das Gemisch eine erforderliche weiche plastische Masse für das Handstrichverfahren hergab, damit beim Einwurf in die Form diese vollständig ausgefüllt war und somit ein vollkantiger Ziegel entstand. Die Konsistenz und die Wucht des Einwurfes durch den "Ziegel-schläger" waren ausschlaggebend für die Zähigkeit des Ziegels. Überflüssiges Material wurde mit einem Holz über die Formkanten abgestrichen. (Streichverfahren) Ein guter "Ziegelschläger" fertigte in einer Stunde annähernd 100 Steine.

Die gefüllten, mit eisenbeschlagenen Griffen versehenen Formen wurden von den jüngsten Zieglern, ugs."Ziejjeljonge" genannt, auf lange, mit Flugsand bestreute Holztische, damit der frische Ziegel mit der Unterseite nicht auf dem Formtisch anklebte, zur Lufttrocknung in Abständen von 2 cm aus der Form gekippt.
Der gesamte Arbeitsablauf im Ziegelgewerbe geschah stets im Laufschritt. Nach einer Antrocknungszeit von 2 Tagen wurden dann die Ziegel "geharkt". Dieser Arbeitsvorgang bestand ausschließlich nur aus dem Wenden (Hochkant stellen) des Ziegelsteines, damit die Unterseite ebenfalls austrocknen konnte. Die nächste Steinlage wurde diagonal auf die angetrockneten Ziegeln gestellt, damit eine ausreichende Luftzirkulation gewährleistet wurde. Maximal wurden in 2 Tagen 2 Lagen a 3 Ziegelschichten auf einer Bahn belegt, damit der angetrocknete Steinkuchen sich nicht durch die aufliegende Last der darauf liegenden Steinen deformierte. Als Wetterschutz diente ein provisorisches Strohdach, das die Tische abdeckte, damit eine eventuelle Regenschauer den angetrockneten Lehmstein nicht aufweichte und zerfließen ließ.
Nach erfolgter Lufttrocknung wurden die Ziegel im nahe liegenden Feldbrandofen zu einem verschleißfesten Ziegel gebrannt.
Ein guter Ziegler muss die Eigenschaften des Materials mit dessen Formbarkeit und Brennbarkeit genau abstimmen, denn sie spielte bei der Ziegelherstellung eine entscheidende Rolle, da die Steingüte erst beim Brennen erfolgte. Die Brenndauer war für die Festigkeit von entscheidender Bedeutung und somit für die Ziegelqualität. Gut gebrannte Steine nahmen kaum Wasser auf.

Um ein Verbrennen der Steine zu vermeiden, musste der Brennmeister dafür Sorge tragen, dass die Steine entsprechend gestapelt wurden. Bei Steinen, die zu nahe an der Feuerstelle lagen, bildete sich „Schmolz", ein schwarz bläuliches glashartes Brenngeschwür. Diese wurden dann als Deputatsteine ausgesondert und mit Bruchziegeln und Minderware gegen eine ausgehandelte Menge Branntwein an die Ortsbewohner abgegeben. Diese mit Ziegelbruchsteinen erbauten Kripper Häuser wurden als "Schnapshäuser" bezeichnet.
Das weiträumige Gebiet um einen Brennofens nannte man wegen zurück gelassener kleinerer Steinstücke später ugs."et Schirrvelefeld" (Scherbenfeld). Noch heute zeugen diese Ziegelsteinteile beim Umgraben der hiesigen Gärten von Standorten ehemaliger

Feldbrandöfen.
Mit dem Laurentiustag im August endete die jährliche Saison der hiesigen Ziegelbäcker.
14)

Wanderzieglergesellschaft, sogenannter „Flug"

Schon vor 1900 waren neben den hiesigen Zieglern zeitweise vereinzelt holländische-englische und Lippische Wanderziegler anwesend. So wohnten auf dem Anwesen Nies in der Mittelstraße 11 ein eng-lischer und in der ehemaligen Ziegelbude hinter dem Haus Lüttgen, Voßstr.4, ein holländischer Ziegler. Des weiteren Zieglergruppen, die sich für eine laufende Saison von gewöhnlich Anfang April bis Bartholomäi (24.8) bzw. Oktober von 5 bis 21 Uhr zum Festpreis als Akkordgesellschaften („Flug") verdingten und überwiegend in einer bescheidenen "Ziegelbude", einem kleinen primitiven Unter-kunftshaus auf dem Ziegeleigelände, wohnten, das nebenbei auch noch gleichzeitig als Werklager und Aufenthaltsraum der Ziegler diente. „Lipper" stand deshalb synonym für Ziegler.
Kalkulativ lohnte sich für manche Ziegelgrubenbesitzer der Einsatz von erfahrenen Wanderarbeitern. Ein „Flug" aus 6-7 Arbeitern bestand gewöhnlich aus einem Lehm-kneter, welcher den Lehm in der Konsistenz zum Einwurf vorbereitete, zwei Lehm-trägern zum Transport des Lehms auf den Formtisch, einem Ziegelstreicher der den Lehm in die Form warf und an der Formoberkante abstrich, sowie 2-3 Ziegeljungen, den sogenannten Abträgern, welche die geformten Steine auf die Bahn (Trockentisch) legten. Während ein aus hiesigen Zieglern gebildeter „Flug" täglich 4-5.000 Ziegel formte, schaffte ein erfahrener Flug Wander-arbeiter 6-7.000 Stück im Akkord bei gleicher Personenzahl täglich.**15)**

Transport

Der Transport der gebrannten Ziegel geschah überwiegend durch das Kripper Hauderer-gewerbe, eine Art Pferdefuhrwerk-Spedition.
Die Fracht mittels Pferdefuhrwerk kostete *„nach dem Rheine und Kahn 10 Silbergroschen per 1.000 Stück, ferner auf der Ahr* (Quellenstraße)- *und Cöln-Mainzer Straße* (B 9) *und den Bahnhöfen zu Sinzig und Remagen kostet die Fracht mit Aufladen auf die Waggons 1 Thaler"* pro 1.000 Stück. **16)**

Meiler

Bei einem Meiler wurden bis um 1800 die handgefertigten Ziegel nach Formgebung und erfolgter Luft-trocknung in frei aufgestapelten Haufen der Meiler, die von außen mit Lehm beworfen wurden, in sehr arbeitsintensivem Meilerbetrieb mittels Pappelholz zu Feldbrand "gebacken". Dabei wurden luftgetrocknete Ziegel anfangs kreuzweise übereinander gesetzt, so das Zwischenräume entstanden, wo das Brennmaterial Holz Aufnahme finden konnte. Die Feuerkanäleu nd Plätze waren im Abstand von ca.1m auf Bodenniveau entlang der Windseite des gesamten lehmbedeckten Meilergebildes angebracht. Durch seitlich angebrachte Luftschlitze wurde die Luftzufuhr reguliert, sei es um das Feuer anzufachen oder die Hitze zu erhöhen. Kleine Rauchöffnungen befanden sich auf der windabgewandten Seite.

Feldbrandofen

Dies änderte sich mit dem Aufkommen der Kohleindustrie. Man ging man nach 1800 allgemein zum offenen Feldbrandofen über, der aus vier Umfassungsmauern gebildet und oben offen der Brennweise des Meilers identisch war, wobei die Seiten so steil wie möglich hoch gesetzt wurden, um den thermischen Auftritt der breiteren Ofensohle zu optimieren.

In der Regel waren die Feldbrandöfen um die 6 x 8 Meter dimensioniert. Zum Brennen wurden die Zwischenräume bis zum Rand mit Nusskohle oder Kohlegeriss verfüllt. Die Außenhaut des Brennofens wurde anschließend mit Lehm verschmiert. Der Brennstoffverbrauch war von den Faktoren der Besatzdichte, dem Brennverhalten des Lehms mit der notwendigen Brenntemperatur und den Windverhältnissen abhängig.

Das Geheimnis des Brennens im Feldbrandofen lag jedoch in der richtigen Verfügung von Brenn- und Sauerstoff. Beide Brennöfen, dessen selbst zu brennenden Ziegel den eigentlichen Ofen darstellten, waren in seiner Konstruktion wegen der geringen Kapazität nicht so aufwendig.

Hier erfolgte, unerheblich vom Brennofentyp Meiler, Feldbrand- oder Ringofen, der Brennprozess als abschließender keramisch technologischer Vorgang zur eigentlichen Festigung und Wasserunlöslichkeit des Fertigproduktes, wobei die feinen Rohstoffpartikel durch Silikatisierung irreversibel zu einem festen Körper verbunden wurden. Dabei setzte zuerst durch Erhitzen des Lehms eine Wasserabspaltung der Tonminerale ein, indem bei 150°C die Reste des Porenwassers verdampften und bei annähernd 500° C das chemisch gebundene Kristallwasser entwiche.

Erst bei Temperaturen um 900° C setzen gasabgebende Reaktionen ein, indem sich z. B. Calciumcarbonat in $CaO + CO^2$ zersetzte oder Oxydationen eingeschlossener kohlenstoffhaltiger Bestandteile stattfanden und die Rohstoffkomponenten des Ziegels zusammen bis hin zu 1500 ° Celsius tagelang bis zum Garbrand „verbacken"wurden, wobei die hellen schwach gebrannten Steine als Hintermauerungssteine und die gut gebrannten Steine als Vormauerziegel verwendet wurden.[17]

Die Kripper Ringofenziegelei von 1898 bis 1959

Eine gravierende Veränderung in der hiesigen Ziegelherstellung vollzog sich 1898 mit der großen plan- und industriemäßigen Ausbeutung der reichhaltigen Kripper Lehmvorkommen und der Errichtung einer industriellen dampfbetriebenen Ringofenziegelei durch die Firma Plücker & Robbert am westlichen Ortsausgang, wodurch die Ziegelherstellung im Gegensatz zu den bisherigen Handziegeleien wegen des immer größer werdenden Bedarfs an Baumaterial mechanisiert wurde.

Diese fabrikmäßige Anlage auf der Oberkripp verdrängte überwiegend die "wilden" Feldziegeleien, die sich im Bereich vom Rhein bis zur heutigen Eisenbahnlinie Köln-Koblenz, vom Badenacker bis hinter den Baumschulenweg erstreckten.

Ferdinand Robbert, der als Bauunternehmer eine eigene Ziegelei in Nordheim besaß, errichtete bereits in Kooperation mit dem Kripper Architekten Moritz Wilhelm Plücker überregional industrielle Großprojekte wie Ringöfen, Mälzereien, etc., unter anderen die DAB Brauerei in Dortmund.

Ringofenziegelei, überflutete Chaussee am westlichen Ortsausgang Kripp bei Hochwasser 1926.

Planung und Ausbeutekalkulation

Vor der Planung zur Errichtung eines solchen „unmobilen Erdringofens" jedoch war eine aussagekräftige geologische Untersuchung bei bevorstehender Ausschöpfung der Lehmgrube über die Mächtigkeit deren Lehmvorkommen von enormer existentieller Wichtigkeit.

Für eine überschlägliche geschäftsmäßige Kalkulation eines Ziegelfeldes wurde pro 1 Kubikmeter Lehm eine Ausbeute von 500 Ziegelsteinen angenommen,

Das ergab eine Ausbeute von Ziegel pro Morgen (2.500 qm)
bei 1 m Lehmstärke = 1.250.000 Ziegel
bei 2 m Lehmstärke = 2.500.000 Ziegel
bei 3 m Lehmstärke = 3.750.000 Ziegel,

die geformt werden können. Aus diesem Grunde wurden vorher im Umfeld des geplanten Ringofenziegeleigeländes in den Fluren 37 Nr. 56 und 57 (zusammen 103,87 ar), Lagenmäßigkeit, Abraum und Plastizität mit Handbohrungen in festgelegten Abständen von 10-20 m erkundet und eine Bohrkarte erstellt.

Die dort festgestellten immensen Lehmvorkommens grenzten im Norden an das Grundstück Nr. 54 (Eigentum der Ringofenziegelei), im Süden an Parzelle 57 des Sattlers Peter Lüttgen und Ehefrau zu Kripp, im Westen an einen Feldweg und im Osten an die Kripp-Sinziger Chaussee.

Concessionsgesuch

Mit dem zur industriellen Ziegelproduktion eingereichten „**Concessionsantrag vom 21. Dezember 1898**" hielt auch der gepriesene technische Fortschritt in Kripp Einzug, der die einstmals bedeutende ländliche und durchaus handwerkliche Ziegelherstellung mit örtlich eingesetzten Feldbrandöfen weitgehend verdrängte.

Am 21. Dec.1898 wurde von den Bauherren und Kripper Architekten Wilhelm Plücker & Robbert der Kripper Ringofenziegelei bei dem Bauamt der Stadt Remagen das Gesuch zum Neubau einer Erdringofen-Anlage mit 1 Plan zu einem neuen Ringofen für Ziegelstein-Fabrikation, 1 Zeichnung des Dampfschornsteins mit statischer Berechnung, 1 Zeichnung des Arbeiterwohnhauses, 1 Beschreibung der neuen Anlage und 1 Situationsplan mit der Bitte um Erteilung baldmöglichster Bauerlaubnis, um Anfang Mai 1899 mit der Fabrikation beginnen zu können, eingereicht. Dabei musste der eingereichte Bauplan des Arbeiterwohnhauses mit nachfolgender Begründung abgeändert werden: „*Der ursprüngliche Entwurf war darauf basiert, dass wir glaubten, Arbeiter aus Kripp engagieren zu können, welche dann im Dorfe selbst schlafen konnten. Es ist uns dies nicht gelungen und sind wir deshalb gezwungen, den Bau größer auszuführen.*".....

Die Rohbauabnahme erfolgte am10. Juni 1899, der Antrag auf Gebrauchsabnahme der 6 m breiten und 4o m langen offenen Trockenschuppen, des Arbeiterwohnhauses sowie des Pferdestalles am 20. Juli 1900.

Bild oben von 1918 zeigt den Trockenschuppen der Ziegelei auf freiem Feld vor der Lederfabrik

Beschreibung der Ringofenanlage

Der mit seinen äußeren Maßen von 43,40 m lange und 12,62 m breite Kripper Ringofen verfügte mit seinen 14 Kammern im ganzen mit 78 m Rundbrand. Im Lichten war der Ofen 2,60 m breit, 2,60 m hoch und 3 Steigschächte in der Breite mit einer fortlaufenden Entfernung von 1,10 m angebracht. Jede Kammer war durch eine Tür von außen zugänglich, durch welche das Ein- und Auskarren der trockenen, bzw. gebrannten Steine erfolgte. Jede Kammer enthielt einen Abzug, welcher unter der Ofensohle durch ein vernetztes ovales Windkanalsystem von 1,20 m Höhe und 0,90 m Breite hergeleitet in einen Schacht mündete, der durch ein Glockenventil gegen den Rauchsammler abgesperrt war.

Der Rauch entwich durch den größten Ventilschacht in den Rauchsammler, sodann durch den Schornstein ins Freie. Die freie Bewegung des Ofens wurde durch sogenannte Dehnungen bewerkstelligt. Die Sohlkanäle verfügten über eine lichte Weite von 0,40 x 0,40 m und der Rauchsammler über eine solche von 0,90 x 1,10 m bzw.1,20 m. Die Gewölbe der Kammern waren einsteinig in einer Stärke von 0,25 cm aus feuerfestem Material hergestellt. Die Stärke der Außenwände betrugen inklusive Füllung 2,20 m, der Mittelofen einschließlich Füllung 3,02 m. Das Ofenhaus war als selbstständiges Gebäude mit Ziegeldach auf separat gegründeten Fundamenten gebaut.

Schornstein
Die Schornsteinsäule der Kripper Ringofenziegelei war 33,0 m über Terrain hoch und mit einem Blitzableiter versehen. Zu der Höhe sei angemerkt, dass das höchste Haus in 300 m Entfernung eine Giebelhöhe incl. Terrainsteigerung von nur 13,60 m hatte. Das Gewicht der 33 m hohen Schornsteinsäule betrug statischen Berechnungen zu Folge 127.107 kg. (127,1 t)

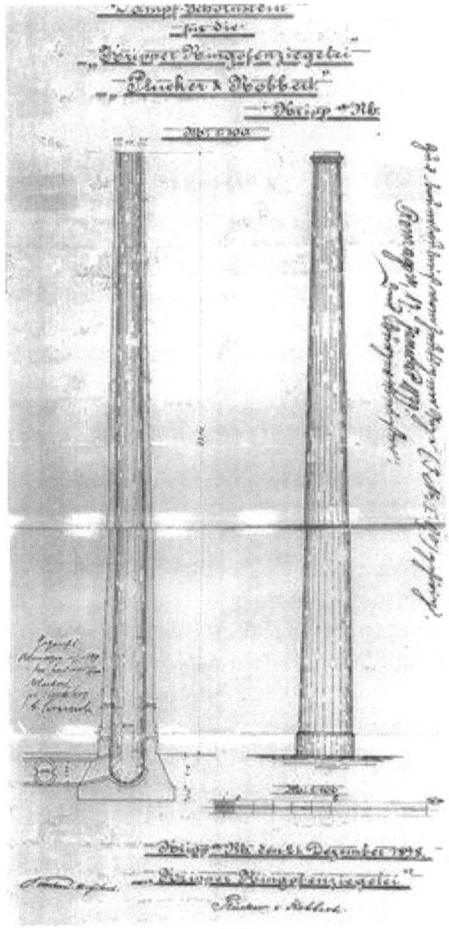

Mit dem Gewicht des 5,00 m im Geviert und 1,90 m starken Kaminfundamentes von 82.944 kg ergab das Gesamtgewicht dieses Bauwerkes über 210 t, was einen rechnerischen Druck auf den Baugrund von 1,47 Kg/cm² entsprach. Der Winddruck wurde bei 72,60 m Windfläche mit 6050 kg berechnet.

Der äußere untere Schornsteindurchmesser betrug 3,00 m bis zu einer Höhe von 1,50 m mit einer Mauerstärke von 0,77 m. Danach verjüngte sich der äußere Durchmesser auf 2,50 m mit einer Mauerwerkstärke von 0,50 m auf eine obere Lichtweite von 1,10 m mit 0,15 m Mauerwerkstärke an der 33 m hohen Ausgangsöffnung.18)

Vorteile/Unterschiede

Die Ringofenziegelei stellte nunmehr eine Mechanisierung des Ziegelbrennens dar und war infolge seiner Wirtschaftlichkeit gegen den bisherigen Feldbrennöfen wegen der besseren Wärmeausnutzung unübertroffen. Im Gegensatz zu einem Feldbrandofen von rechteckigen Querschnitt, bei denen alle Kammern gleichzeitig beschickt und nach dem Brennen auch gleichzeitig entleert wurden, ist der Brennprozess des Ringofens ein ununterbrochener, da eine Kammer nach der anderen entleert oder wieder beschickt wurde, während auch das Feuer von Kammer zu Kammer wandert. Durch diesen veränderten Brennprozess unterscheiden sich diese gebrannten Ziegelsteinen optisch durch einen rötlichen Ton, gegenüber dem bräunlichen Erdton der Feldbrandziegeln.

Dampfbetriebene Ziegelherstellung

Die Anlage der Kripper Ringofenziegelei bestand aus einem Ringofen mit einem 33 m hohen Schornstein, einem Kesselhaus mit Dampfmaschine als Herzstück aller drehenden Einrichtungen, einer Produktionshalle und einigen Trockenschuppen, in denen die Rohziegel vor dem Brennen zum Lufttrocknen aufgestellt wurden. Mittels eines betriebseigenen Dampfkraftwerkes wurde die umgesetzte Bewegungsenergie über Transmissionen an die maschinelle Mischanlage, sowie ein Presswerk geleitet. Eine bessere und gleichmäßige Konsistenz des Ziegelmaterials war nun durch ein intensiveres Mischen mit der Maschine möglich. Die im unmittelbaren Bereich der Ringofenziegelei befindlichen ergiebigen Lehmwände, einem Säulenlehm allerbester Güte, hatten eine Mächtigkeit von bis zu 3 Metern. Nach der Freilegung einer gesamten Lehmbank wurden die säulenähnlichen Lehmgebilde unterminiert und zum Abbruch gebracht, damit sie während des Winters ausfrieren konnten. Mittels Kipploren wurde der Rohstoff zur weiteren Verarbeitung in die Ziegelei transportiert, wo er über einen Beschicker in der geeigneten Zusammensetzung den Aufbereitungsmaschinen (Kollergänge, Walzwerke) zugeführt, zerkleinert und durch Zusatz von Wasser zu einer plastischen Masse aufbereitet wurde.

Der über mehrere Wochen in Sumpfhäusern bzw. Maukanlagen gesumpfte Rohstoff brachten Förderbänder zur Formgebungsmaschine, einem maschinellen Presswerk, dass das vorgezogene plastische Lehmmaterial als vollkantigen Lehmstrang in Ziegelbreite mit den 3 gleichen Ansichtsflächen mittels Schneidedraht auf Steinlänge vom Batzen schnitt.

Mit Absetzwagen wurden die feuchten Formlinge zu den überdachten Trockenschuppen verbracht, gestapelt, und nach wochenlanger Vortrocknung mittels Absetzwagen zum eigentlichen Brennvorgang den Ringofenkammern zugeführt, wo nach erfolgter Handaufstellung die Kammertüren mit Lehm vermauert und nach langer Brenndauer wieder geöffnet wurden. Die Brennperiode eines Ringofens war von März bis Oktober, und zwar unaufhörlich. **19)**

Kontor der Ringofenziegelei (kleines Gebäude hinter der Frau) und das Zieglerhaus (rechts)

Bedienung
Die für den Brennvorgang benötigte Kohle wurde von Kripper Hauderern mit Pferdefuhrwerken über eine Rampe auf die Ringofendecke entladen. Von hier aus wurde die Feuerung Tag und Nacht von oben manuell mit Kohle durch die mit Eisenstülpdeckel abgedeckten Löcher beschickt. Später erfolgte die Kohlenbeschickung durch ein riesiges mechanisches Gestänge. Die gesamte Länge des Brennkanals des Ringofens in Form eines endlosen, in sich zurückkehrenden Gewölbes, das durch Scheidewände, sogenannte Schieber, in mehrere Kammern in Schmauch, Brenn, Kühl und Leerzone unterteilt wurde, wobei das Feuer beständig die Runde in Richtung des durch Abzüge regulierbaren Luftzuges machte.
Drei Kammern standen immer unter Feuer, wodurch die vorgeschaltete Kammer vorgeheizt und die nachgeschalteten abgekühlt wurden. Die Schmauchzone, die mit der in der Kühlzone noch befindliche Warmluft über Kanäle beschickt wurde, diente zum Vorwärmen des Ziegels um ihm somit die Restfeuchte zu entziehen. In der Brennzone wurden die Rohstoffkomponenten des Ziegels tagelang bei enormer Hitze zum "Garbrand" verbacken und in der nachfolgenden Kühlzone langsam spannungsfrei abkühlen lassen.

Das Besetzen und Ausfahren der Kammern war neben der schweren Handarbeit mit großer Hitze- und Staubbelästigung verbunden. Zum Gutbrennen von je 1000 Stück Ziegel waren max. 4 Doppelzentner (200 Kg) Steinkohle erforderlich. Da nur Stückchenkohle zur Verbrennung gelangte und die Warmluft unter Zuführung von Frischluft in die Kammern gelangte, entströmten dem hohen Ziegeleikamin überwiegend nur Wasserdämpfe. Der Transport der Ziegel erfolgte durch das Kripper Hauderergewerbe, einer Art Pferdespedition. Um die lukrativsten Fuhren, teils bis hin nach Köln zu erhaschen, wollte ein jeder Hauderer früh morgens bei der Fuhreneinteilung der Erste sein. So ist es vorgekommen, dass man, um die Konkurrenz im Ort durch Hufeisenklappern um vier Uhr morgens nicht aufzuwecken, die Pferdehufe mit Säcken umwickelte. Für den Schiffstransport von Ziegeln war am Kripper Rheinufer eigens ein Steiger vorhanden. **20)**

Produktionsstillstand

Am 18. Juli 1918 ist in den Bauunterlagen der Ringofenziegelei eine Beschädigung des Maschinengebäu-des durch Feuerschaden infolge eines Blitzschlages dokumentiert. Zum Wiederaufbau richtete der damalige Besitzer Ferdinand Wegener folgendes Baugesuch an das Bauamt der Stadt Remagen. *„Am 18. des Mts. wurde das Kessel-und Maschinenhaus auf meine in Kripp ᵃ/Rh. gelegenen Dampfziegelei durch Blitzschlag verbunden mit Feuersbrunst stark beschädigt und zwar gerade zu dem Zeitpunkt, als die Ziegelei durch meinen neuen Pächter Herrn Karl Schmitz hier selbst wieder in Betrieb gesetzt werden sollte."*

Beschreibung zum Baugesuche vom: 30. Juli 1918

„An dem einstöckigen Dampfkessel-und Lokomobilraumes ist das Asphaltdach und an dem zweistöckigen Maschinenraum ebenfalls das Asphaltdach, die Decke und die Treppe abgebrannt, am letzteren außerdem das Mauerwerk bis Mitte Obergeschoss-fenster und der rechte Giebel bis zur Decke eingestürzt. Ein im Obergeschoss stehender Wasserbehälter und der Fülltrichter des Tonschneiders sind heruntergefallen, während die Lokomobile und alle Maschinenteile, außer der Beschmutzung, unversehrt geblieben sind. Die Instandsetzung soll mit Ausnahme einer Verlängerung des Maschinenhauses um 2,50 m, da der Giebel doch eingestürzt ist- genau in frühester Weise erfolgen.".....

Wegen der Materialknappheit infolge des anhaltenden 1.WK hatte der Bauherr zum Wiederaufbau für die Materialzuteilung einen Fragebogen des Kriegsamtes auszufüllen. Aus diesem ergab sich zum 30. Juli 1918 insgesamt ein Materialverbrauch von *„7 m³ Bauholz, 320 m² Dachschalung und Fußbodendielung mit 210 m² Dachpappe, 100 Ztr. Kalk und 15 Sack Zement. Sonstiges Baumaterial wie Sand und Steine sind vor Ort vorhanden."***21)**

Niedergang der Ziegelindustrie

Ab 1901 erfolgte nach allgemeiner Geschäftsstockung für die Steinindustrie ein schwerer konjunktureller Einbruch, wovon Kripp jedoch wegen einigen Grossbaustellen, wie z.B. Bau der Kath. Pfarrkirche, Wasserturm, Lederfabrik, etc. vorübergehend nur mittelbar betroffen wurde und von Massenentlassungen, verkürzter Arbeitszeit und

Lohnkürzungen verschont blieb. Grund dafür war das neue aufkommende Baumaterial des kostengünstigeren Bimssteins, einem Gemisch aus leichtem schaumigen Lapilli, (kleinere vulkanische Ausbruchssteinchen) mit einem hohen Grad an Kieselsäure, Alkalien und Kalk.

Auch wenn er vorerst noch nicht gegen den feuergestählten Ziegelstein ankam, so wurde das „Aus" für die Ziegeleien jedoch ab 1905 mit dem Genehmigungsverfahren des Schwemmsteines im preußischen Wohnungsbau langsam sukzessive eingeleitet.

Erschwerend kam noch 1920 das Formen des Bims-Kalkgemisches mittels einer maschinellen Handschlagmaschine hinzu, wodurch eine rationelle Herstellung der Bimssteinproduktion die Talfahrt des hiesigen Ziegels beschleunigte. Die Vorzüge des neuen Schwemmsteines, dessen Herstellungsprozess nach dem Formen mit der Lufttrocknung bereits beendet war, waren, dass er trockener, leichter, wärmer und billiger war und ihn gegenüber dem Ziegel konkurrenzlos machte. **22)**

Die Kripper Lehmvorkommen sind heute weit gehenst erschöpft. Durch die Ausbeutung von Kies-und Lehmgruben wurden in Kripp große Verfüllkapazitäten frei, die einen großen Deponieraum darstellten und wieder aufgefüllt und rekultiviert wurden.

Kripper Ringofenziegelei mit Trockenschuppen um 1950.
Im Vordergrund die neuen Bims-und Betonprodukte.

Nach dem Verkauf der Ringofenziegelei an die Firma Faßbender wurde neben der Herstellung von Hohlblocksteinen (System Avanzini) erstmals ab 1928 eine Klinker-produktion aufgenommen, wobei die Herstellung von Blendziegeln für Backsteinver-blendungen einer besonderer Behandlung bedurften. Wurden dann dunklere Farben gewünscht, wurden die Steine geräuchert. Wegen größeren Verlusten kam der Betrieb Ende 1930 zum Erliegen und wurde von der Fa. Hofmann übernommen. Infolge Kriegs-schäden wurden an die damalige Besatzungsmacht ab 1946 Anträge auf Wiederinbe-triebnahme gestellt, jedoch 1947 von der französichen Militärregierung wegen Kohle-mangels abgelehnt und die Entscheidung vertagt. Infolge des großen volkswirt-schaftlichen Interesses wurde wegen des großen Bedarfs an Wiederaufbaumaterial 1948 erneut der Militärregierung vorgelegt. **23)** Die Nachfolgefirma Ludowici, die ab 1950 Ziegel-und Bimssteine produzierte, stellte 1959 die Ziegelsteinproduktion gänzlich ein und spezialisierte sich ausschließlich auf Beton- und Bimsprodukte. **24)**

Mit dem Abkühlen der Brennkammern des Ringofens um 1959 endete die Ära der Ziegelei als ehemaliges Schwungrad Kripper Sozialgeschichte und der Abbruch der ehemaligen Dampfziegelei erfolgte Ende der siebziger Jahre. Auf dem historischen Ziegeleigelände wurde das heutige Gewerbegebiet errichtet. Ledig-lich die dort befindliche Straßenbezeichnung "Ringofenstraße" lässt noch ein historisches Betriebsgelände vermuten, das ehemals ein Großteil des Ortes zu Brot und Arbeit verhalf.

Laut Adressbuch 1939/40 waren 6 ausländische Ziegler in der Ringofenziegelei mit dortigem Wohnort verzeichnet:

Kalakovic, Ivan Mlinaric, Stjepan Perac, Stive
Baric, Franjo, Sestan, Josip Sorac, Ivan
Zirkovic, Daue Zirkovic, Franjo Wachowski,

Besitzer der Kripper Ringofenziegelei

Chronologie:
Plücker, Moritz <u>Wilhelm</u> (Architekt) & Robbert 1898 *(Bauakte 1898)*
Ferdinand Wegener, Rheinallee 8 *(Bauakte 1918)*
Kripper Ringofenziegelei Curt E. Schmitz; *(Adressbuch IHK Koblenz 1926)*
Faßbender / Gewerkschaft Rhein-Ahr, Kripp a. Rhein, Abt. Dampfziegelei, Sand- und Kiesgrubenbetrieb;
Kripper Dampfziegelei & Klinkerwerke G.m.b.h Emil Hofmann, Maarweg 23, (sowie versch.Büroadressen: Hauptstr. 2a bzw. Köln-Sülz, Emmastr.3 *(LHAKo 441/45800)*
Ludowici-Rhein-Bau KG, Ziegelei-und Bimsbaustoffwerk, (22b) Kripp/ Rhein, Hauptstraße 2a .

Quellen :
1) mündl. Angaben Balthasar Wahl +, Kripp
2) Kreisstatistik 1860, Kreisarchiv Ahrweiler
3) LHKo 4421/24505 und 441/23134
4) Kreisstatistik 1860, Kreisarchiv Ahrweiler
5) mündl. Angaben Balthasar Wahl +, Kripp
6) LHKo 441/23979, sowie mündliche Angaben Alois Ueberbach+, Kripp nach einer Überlieferung des Großvaters als ehemaliger Ziegelgrubenbesitzer "Im Maar"
7) LHKo 635/ 395
8) mündl. Angaben Balthasar Wahl, Josef Marx, beide Kripp,+)
9) LHKo 441/23979 10) mündl. Angaben Balthasar Wahl +, Kripp 11) Heimatjahrbuch Kreis Ahrweiler 2002, S. 112, FN 21, Ottmar Prothmann, „Von Ziegelbauten und Backsteinhäuser in der Grafschaft."
12) mündl. Angaben Balthasar Wahl +, Kripp
13) Nach mündlichen Angaben des Zeitzeugen Michael Schumacher, * 1902 Kripp
14) mündl. Angaben Balthasar Wahl +, Kripp
15) wie Nr.14
16)LHKo 441/23979

17) Dachverband der Steineindustrie Essen, Infobroschüre :"Ziegel"- Ein Ziegel, was ist das?, von H.D. Bröke, Kap.14 -Brennen- S.343 18) Baubeschreibung zum Concessionsgesuch 1898, Bauakte Stadt Remagen
19) LHKo 441/24505, 441/23134, 441/45800
20) mündl. Angaben des Zeitzeugen Balthasar Wahl +, Kripp 21) Bauakte Ringofenziegelei von 1898-1918, Stadt Remagen 22) Koblenzer Zeitung v.18. Okt.1905 - LHKO 441/ 23143 23) Bauakte Ringofenziegelei von 1898-1918, Stadt Remagen 24) persönliche Korrespondenz Frau Ludowici Jockgrim/Pfalz, mündl. Angaben des Zeitzeugen Balthasar Wahl +, Kripp

Literatur:
a) Die Geschichte der Ziegelherstellung, Erwin Rupp/ Günther Friedrich, Hrsg. Bundesverband Deutscher Ziegelindustrie, Bonn 1993.
b) Dachverband der Steineindustrie Essen, Infobroschüre :"Ziegel"- Ein Ziegel, was ist das?, von H.D. Bröke, Kap.14 -Brennen- S.343
c) Geschichte der Feuerfestindustrie in Nieder-u. Oberdollendorf, Hrsg. Verein der Heimatfreunde Niederdollendorf, 1986, von Egon Schräpfer
d) Heimatjahrbuch Kreis Ahrweiler 2003, "Et Leimbäckerdorf Krepp", W. Weis/H. Funk
e) Adressbuch der Ziegeleien, Chamottefabriken usw. Deutschlands 1925 f) Adressbuch der Steine-und Erden-Industrie 1939
g) Heimatjahrbuch Kreis Ahrweiler 2003, "Et Leimbäckerdorf Krepp", W. Weis/H. Funk
h) Heimatjahrbuch 2019, Kreis Ahrweiler, „Die Kripper Ringofenziegelei von 1898 bis 1959", S.109 ff, Willy Weis & Hildegard Funk

Ziegelgewerbler vor 1899 in Kripp (lt.Kirchenbuch Dr. Hentschel)

Ziegelbrenner
Betzing, Wilhelm *(Verzeichnis der Meistbeerbten 1878, LHAKo 635/465)*
Blanck, Wilhelm *(Verzeichnis der Meistbeerbten 1878, LHAKo 635/465)*
<1519> **Hertgen**, Friedrich, (Kaufmann, Ziegelbrenner, Kalkbrenner) getauft 30.1.1834, + 6.2.1883, °° Vack, Franziska Julia Adelheid
<2078> **Küster**, Johann (Ackerer, Ziegelbrenner) *9.3.1827, °° 2.3.1851 Elisabeth, geb. Betzing
<2895> **Palm**, Matthias Josef (Ziegelbrenner) *28.3.1836, + 11.8.1898, °° 12.5.1861 mit Maria Barbara, geb. Gries
<3084> **Reuter**, Martthias Josef (Ziegelbrenner) *15.3.1852, °° Maria Josefa, geb. Schwipperich
<3219> **Rübenach**, Jakob, (Ackerer, Krautkocher, Ziegelbrenner) *28.3.1813, + 19.3.1889, °° Anna Sophia, geb. Wachendorf
<3678> **Schwäbig**, Mattthias (Krämer, Ziegelbrenner) *15.1.1828, +3.6.1899, °° 8.10.1828 Anna Maria, geb. Tempel

Ziegelbäcker
<2860> **Öllig**, Wilhelm, (Schiffer, Krämer, Ziegelbäcker) *29.5.1806, °° 1841 Adelheid, geb. Rick (Rück ?) 13 Kinder

Ziegelmeister
Dahm, Lorenz (Ziegelmeister) (LHAKo 587.48 (139II/2877 Ast.Rommersdorf)
<698> **Dahm** (Dahmen), Heinrich (Ziegelmeister) getauft 30.12.1829, °° 19.9.1858 Anna Maria, geb. Krahm
<3666> **Schulten**, Augustin (Ziegelmeister) °° vor 1890 Anna Maria, geb. Grünewald (Grünwald ?)

Ziegler 1878
Dahm, Laurenz, (Verzeichnis der Meistbeerbten 1878, LHAKo 635/465) Delord, Michael (Verzeichnis der Meistbeerbten 1878, LHAKo 635/465)
Schaefer, Peter (Verzeichnis der Meistbeerbten 1878, LHAKo 635/465)
Schmidt, Johann (Verzeichnis der Meistbeerbten 1878, LHAKo 635/465)
Schulten, Johann (Verzeichnis der Meistbeerbten 1878, LHAKo 635/465)
Sybertz, Richard I. (Verzeichnis der Meistbeerbten 1878, LHAKo 635/465)
Betzing, Joseph (Verzeichnis der Meistbeerbten 1878, LHAKo 635/465)
Schmidt, Karl (Verzeichnis der Meistbeerbten 1878, LHAKo 635/465)
Blanck, Bernhard (Verzeichnis der Meistbeerbten 1878, LHAKo 635/465)
Hammer, Gottfried (Verzeichnis der Meistbeerbten 1878, LHAKo 635/465)
Blanck, Johann (Verzeichnis der Meistbeerbten 1878, LHAKo 635/465)
Marx, Johann I. (Verzeichnis der Meistbeerbten 1878, LHAKo 635/465)
Palm, Matthias Jos. (Verzeichnis der Meistbeerbten 1878, LHAKo 635/465)

Ziegler
<3721> **Sieberz**,(Sieberz,Siberz, Syberz, Siebertz ?) Richard (Ziegler u. Korbmacher) *1821, + 1884
<3946> **Überbach**, Jakob (Ziegler) °° vor 1881 Christine Hoppe
<3415> **Schmitt**, Johann Ziegler °° vor 1877 mit Margarete Jung
< 2073> **Küpper**, Wilhelm (Ziegler) °° 5.9.1868 mit Eva Greiner
<356> **Blank**, Wilhelm (Tagelöhner/ Ziegler) getauft 5.12.1833, °° 11.2.1862 mit Helene Derix (Derichs ?) + 1884

Ziegeleibesitzer
<3664> **Schulten**, Gottfried * ca. 1861, + 23.7.1899, °° Christine Sieberz (Syberz, Sybertz ?)

Ziegelfabriken
<482> **Brenner**, Peter (Schneider, Kalkbrenner, Ziegelfabrikant) *28.6.1827, °° 21.11.1847 Elisabeth Schmitt (*1.2.1820, + 3.3.1897)

<484> **Brenner**, Peter (Ziegelfabrikant) *1827, + 14.11.1877, °° vor 1877 Elisabeth Schulten
<2428> **Mertens**, Theodor (Ackerer, Ziegelfabrikant) *25.10.1833, °° 7.3.1863 Sophia Magdalena Josefa Müller

Als Zieglerfachkräfte waren neben den in den Ziegeleien beschäftigten und hier nicht aufgeführten Tagelöhner gemäß den Adressbüchern des Kreises Ahrweiler tätig.

Adressbuch 1899
Palm, Josef (Ziegler) **Palm,** Michael (Ziegler) **Schulten,** August (Ziegler) **Breuer,** Adolf III. (Ziegelarbeiter) **Wahl,** Balthasar (Ziegeleibesitzer)
Adressbuch 1913
Wegener, Ferdinand, Rheinallee 8 (Kripper Ringofenziegeleibesitzer) **Wahl,** Balthasar, Hauptstr. 70 (Ziegeleibesitzer) **Palm**? **Ueberbach**
Ziß, Anton Josef, Zaunweg 16, (Ziegelmeister) **Peter** Hammer, Hauptstr.83 (Ziegler)
Adressbuch 1926 / 27
Wahl, Johann, Landwirt u. Ziegelmeister, Hauptstr.70.
Adressbuch 1939/ 40
Assenmacher, Peter, Ahrtsr.1
Jung, Alfons, Neustr.2,
sowie an ausländischen Ziegler in der Ringofenziegelei verzeichnet:
Kalakovic, Ivan Mlinaric, Stjepan Perac, Stive
Baric, Franjo, Sestan, Josip Sorac, Ivan
Zirkovic, Daue Zirkovic, Franjo Wachowski,

Fotos und Belege der Kripper Ziegelei

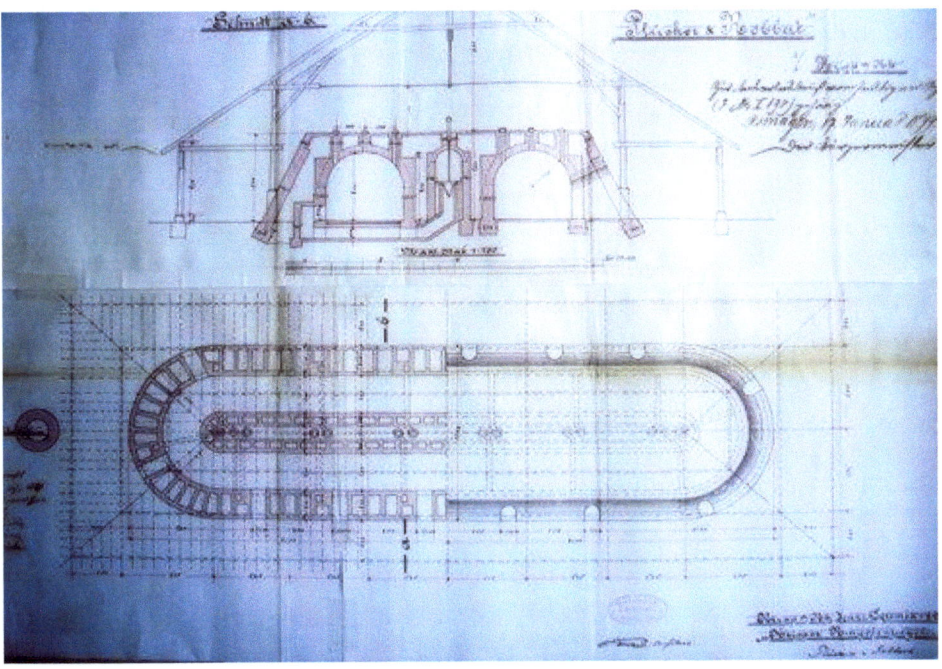

KRIPP, Rheinfronthäuser vor 1830, vermutlich aus den im Meiler mit Pappelholz gebrannten Ziegeln erbaut

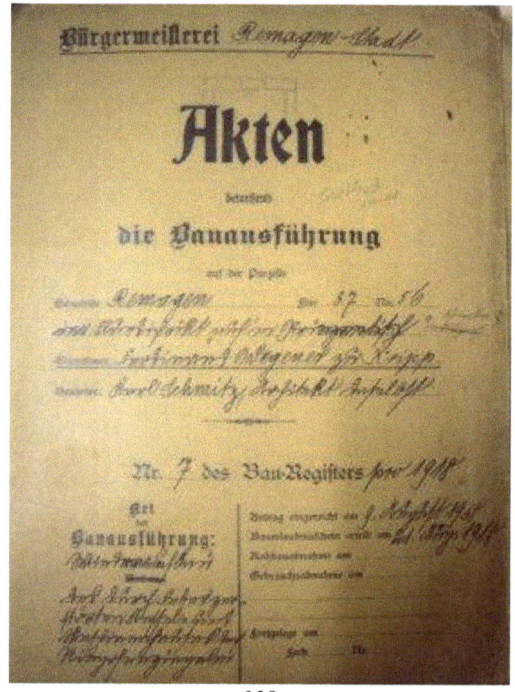

Z e u g n i s .

Wir bestätigen Herrn Hans Fassbender, geboren am 30. April
1885 zu Köln-Stammheim, dass er von Anfang Januar 1929 bis
Ende November 1930 als Repräsentant und Geschäftsführer unser
Ziegelstein- und Klinkerwerk mit Sand- und Kiesgrube geleitet
und ausgebaut hat.

Auf seine Veranlassung wurde die Klinkerfabrikation,
sowie die Herstellung von Hohlblocksteinen (System Avanzini)
aufgenommen, die einen grossen Umsatz gewährleisteten.

Herr Fassbender war äusserst fleissig und hat nicht nur
sämtliche technischen Angelegenheiten erledigt, sondern auch
alle Verhandlungen mit den Behörden und mit der Kundschaft
zu unserer vollsten Zufriedenheit geführt.

Leider kam unser Betrieb infolge von grösseren Verlusten
zum Erliegen, wodurch Herr Fassbender ebenfalls seinen Posten
verlor.

Wir können Herrn Fassbender in jeder Beziehung als Geschäftsführer und Leiter eines grösseren Betriebes empfehlen
und wünschen ihm für sein Fortkommen das Beste.

K r i p p a/Rhein, den 1. Dezember 1930.

LUDOWICI-RHEIN-BAU

KOMMANDIT-GESELLSCHAFT

ZIEGEL- UND BAUSTOFFWERK KRIPP/RHEIN

Vertretung der Firmen:

Carl Ludowici K. a. A. Jockgrim-Pfalz · Ziegelwerk Mühlacker K. a. A. · Tonwarenindustrie Wiesloch A. G.

Bankverbindung Kreissparkasse, Remagen

Remagen-Kripp, den 17. Juni 19

Fernruf: Remagen 457
Drahtwort: Ludowicibau

1 0 JUNI 1933

Firma
Carl Ludowici K.a.A.
Falzziegelwerke

Jockgrim/Pfalz

Gewerkschaft Rhein-Ahr
Kripp a. Rh.
Abt.: Dampfziegelei
Sand-u. Kiesgruben-Betrieb

Fernruf: Amt Köln-Mülheim 62427
,,   Remagen 65

Bankkonten:
A. Schaaffhausen Köln-Mülheim
Städt. Sparkasse Remagen Nr. 100
Städt. Sparkasse Sinzig Nr. 190
Postscheckkonto Köln Nr. 7993

Bahnstation: Linz

Schiffsstation: Kripp

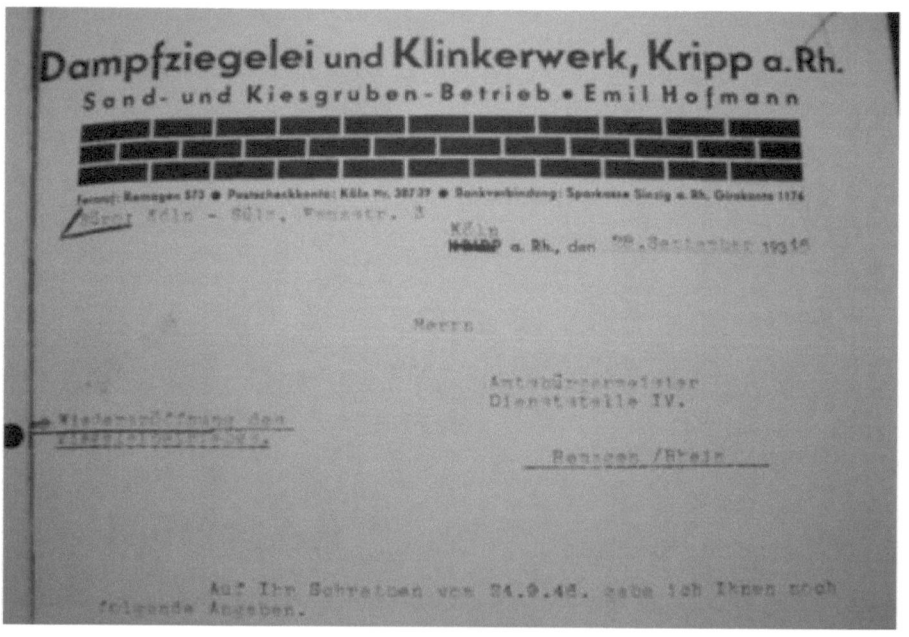

Dampfziegelei und Klinkerwerk, Kripp a. Rh.

Sand- und Kiesgruben-Betrieb ● Emil Hofmann

Fernruf: Remagen 573 ● Postscheckkonto: Köln Nr. 387 39 ● Bankverbindung: Sparkasse Sinzig a. Rh. Girokonto 1176

Köln
Kripp a. Rh., den 28. September 1946

Herrn

Amtsbürgermeister
Dienststelle IV.

Remagen /Rhein

Auf Ihr Schreiben vom 24.9.46. gebe ich Ihnen noch
folgende Angaben.

Ortsgeschehen 2008

von Horst Krebs

Kripper Narrenschiff auf gutem Kurs
Fente legten im Gasthaus Rhein-Ahr los
Fantastische Tänze und bissige Büttenreden

Eine super Stimmung herrschte bei der Karnevalssitzung der Kripper Fente im Gasthaus Rhein-Ahr: Mit fantastischen Tanzeinlagen, bissigen Büttenreden und schmissiger Musik hatten die Narren des Treidelortes wieder ihr gesamtes Jeckenkapital aufgeboten, um die rund 150 Gäste zu begeistern.

Dass Kripp mit Nachwuchssorgen nichts am Hut hat, bewiesen insbesondere die Auftritte der "Magics" und der "Magic Dancers". Letztere hatten gerade ihren Titel als Kreismeister beim Ahrtalgardetreffen mit ihrem Show-Tanz "Engel und Teufel" verteidigt.
Trainerin Elke Kohlhaas hatte allen Grund, auf ihre Tänzerinnen stolz zu sein. Klasse in Sachen Choreografie und Akrobatik sind auch die "Magics", die ihre Darbietungen ebenfalls unter Leitung von Elke Kohlhaas und Jenny Schüller einstudiert hatten. In die tänzerische Elite reihten sich zudem die "Twirling-Sticks" aus Remagen ein unter Leitung von Ramona Ruhmann, die "Treidelstuben-Dancers" mit ihrem neuen Show-Tanz, die Prinzengarde des SVK und das Männerballett der Ententanzgruppe, das mal wieder durch Liebreiz bestach.

Apropos Liebreiz - ganz bezaubernd war die Kinderprinzessin des SVK, Alina I. (Walscheid), anzu-sehen, die samt Gefolge und Ex-Tollitäten, den Weißjacken und den Stadtsoldaten die Bühne und die Herzen der Gäste eroberte. Doch auch die zahlreichen Gastauftritte wie die der Oedinger Rheinhöhenfunken oder der rot-weißen Funken aus Unkelbach samt Tambour- und Fanfarencorps und der Remagener Show-Gruppe "Top 7" im Cowboy-Look ließen das Stimmungsbarometer rasant steigen. Ein solches Programm konnten sich auch diverse Tollitäten nicht entgehen lassen. So machten das Remagener Prinzenpaar Thomas I. und Gabriele I. mit den Stadtsoldaten, der Oberwinterer Prinz Paul III. und Prinz Häbät I. aus Oedingen ihre Aufwartung.

Tempo war aber nicht nur in Sachen Tanz angesagt. Auch bei den Büttenreden ging es Schlag auf Schlag. Wie etwa bei der von Willi Pax, der sich als "Schnorrer" verbal durch diverse Hochzeiten und Vereinsfeiern futterte, nicht ohne Seitenhiebe auf seine "Vorbilder" aus der Kommunalpolitik.
Für Lachsalven sorgte auch das Zwiegespräch von Monika Brüssel und Jürgen Delord, bei dem eine "Frau aus dem Leben" sich über ihren "Pflegefall" ausließ. Besonders erfreut dürfte KG-Vorsitzender Wilfried Brüssel gewesen sein, als seine Tochter Bianca als die "Kripper Zeitungsausträgerin" mit ihrem Vortrag Beifallsstürme einheimste.

Ebenfalls verdient, denn bei dem, was sie an Berichtenswertem in der "Kripper Allgemeinen" fand, nahm sie kein "Blatt" vor den Mund. Sie ließ keinen Zweifel daran, dass die Kripper Wies'n sowohl für die Unterwasser-Peep-Show für das Skulpturenufer als auch für eine flachbrüstige Antonia zu schade ist. Weder die Rauflust der Schützen noch die Verlegung der "Römerarena" aus dem Ortskern blieben unkommentiert. Bürgermeister Georgi erhielt für seine Amtsführung den Titel "Stoiber vom Rhein". Eine weniger fragwürdige Ehre wurde der Kassiererin der KG, Manuela Laux, zuteil. Sie erhielt als zweithöchste Auszeichnung des RKK die Verdienst-medaille in Silber durch den Bezirks-vorsitzenden Willi Fuhrmann. Für ihr Engagement in Sachen Dekoration und Kostüme erhielt KG-Vorstandsmitglied Anke Schäfer den RZ-Orden. (jus)

Quelle:Rhein-Zeitung vom 28.01.2008

Nur der Strohbär schwitzt
Junggesellen stellen aus Tradition das Ungetüm

Mächtig ins Schwitzen kamen beim Karnevalsumzug in Kripp am Samstagnachmittag eigentlich nur zwei Personen. Nämlich Strohbär Jens Konz und sein Treiber Daniel Schneider. Nach den Statuten des Junggesellenvereins, der für das närrische Treiben verantwortlich zeichnet, ist es in jedem Jahr das jüngste Mitglied des Vereins, das unter das strohige Kostüm schlüpfen darf.Punkt 14.11 Uhr schickte Carsten Delord den Zoch vom Kirmesplatz aus auf den Weg. Gleich vorneweg "informierte" das Tambourcorps Oberwinter musikalisch über das Nahen der Narren, während sich die Gruppe aus dem Neubaugebiet nicht nur als "echte Fründe", sonder auch als fleißige Bienchen zeigte. Einfach nur "jood Drupp" war aber auch der Tröte Club. Die "Magic Dancers", das Kripper Aushängeschild in Sachen Show-Tanz, tanzten zur flotten Diskomusik. In fast gleicher Lautstärke ertönte aber auch die Musik vom Prunkwagen der Junggesellen.

Sie trieben "wilde" Tier an der kurzen Leine durchs Dorf. In die Unterwasserwelt des versunkenen Atlantis entführten die "Kripper Vagabunden" und die Weißjacken hatten zum Schutz gegen Wind und Wetter sogar weiße Overalls übergestreift, wobei Ortsvorsteher Heinz-Peter Hammer kurzerhand zum Ortsverdreher wurde. "Vorsicht wilde Tiere" hieß es bei den Kripper Fente, die als mobiler Zirkus durch die Straßen zogen, musikalisch begleitet vom Fanfarenzug.
Dem Thema Fußball widmeten sich einmal mehr die "Treidelstuben Kickers" und tanzten Samba unter dem brasilianischen Zuckerhut. Zum guten Schluss dann, quasi als Begleitschutz: die Kripper Stadtsoldaten mit der Prinzengarde. Diese hatten in diesem Jahr zwar keinen Prinzen zu beschützen, stellten sich aber genauso begeistert in den Dienst von Kinderprinzessin Alina Walscheid, die gemeinsam mit Hofdame Marei Freitag einen Kamelleregen auf die Jecken niederprasseln ließ. wtz

Quelle: Bonner General-Anzeiger, 04.02.2008, S. 7

SV wartet auf Bescheid
Umkleide: Kripper Sportler legen bald mit Bau los

Voller Elan, mit einem neuen Vorstand und einer sich selbst verwaltenden Fußball-Jugendabteilung gehen die Kripper Sportler ins neue Vereinsjahr. In dem steht auch der Neubau des Umkleidegebäudes an.

Auch nach einem Vierteljahrhundert bleibt Hans-Peter Schäfer Vorsitzender des Sportvereins Kripp, wie die Vorstandswahlen im Hotel Rhein-Ahr ergaben. Ihm zur Seite steht Bianca Schmitt als Stellvertreterin. Zur Geschäftsführerin wurde Gisela Göttlicher gewählt, die Kasse wird zukünftig von Heike Freitag geführt. Fußballobman bleibt Siegfried Pütz.

Die rund 200 Mitglieder starke Fußballjugend, die sich demnächst als Unterabteilung mit eigenem Vorstand und eigener Jugendordnung selbst verwaltet, wird auch in Zukunft von Marc Göttlicher betreut. Eine entsprechende Vollversammlung wird voraussichtlich gemeinsam mit den Eltern im April stattfinden. Als Beisitzer des SV-Vorstandes konnten Ricarda Scherhag, Carmen Tempel und Ralf Schäfer berufen werden. Des Weiteren wurden Julia Kranzl und Axel Blumenstein als neue Kassenprüfer gewählt. Den Ehrenrat bilden künftig Wolfgang Klapdohr, Hans-Werner Büsch und Ralf Mostert.

In Sachen Sportplatz und dem Neubau des vereinseigenen Umkleidegebäudes konnte Marc Göttlicher berichten, dass lediglich die Baugenehmigung der Kreisverwaltung und der Zuschussbescheid des Sportbundes Rheinland fehlen. Liegen diese vor, kann mit dem circa 110 000 Euro teuren Bau begonnen werden. Geplant ist ein Umkleidegebäude mit 16 Räumen und einer Gesamtfläche von 178 Quadratmetern. Gut die Hälfte der Gesamtkosten wollen die Mannen des Kripper SV in Eigenleistung erbringen.

Das abgelaufene Vereinsjahr werteten die Mitglieder als überwiegend positiv. So verzeichneten die Magic Dancers in der Karnevalssession 2007/08 mehr als 30 Auftritte. Die Seniorenfußballer um Trainer Dietmar Stegemann belegen zurzeit einen guten fünften Tabellenplatz, und auch beim Turnen und Aerobic geht es weiter bergauf. Im Juniorenfußball ist der SV Kripp in allen Alters-klassen bei den Jungen und Mädchen vertreten, die Stadtsoldaten/Prinzengarde um Kommandant Axel Blumenstein kann besonders im Nachwuchsbereich viele neue Mitglieder begrüßen. Auch bei den Alten Herren läuft es rund - so gewannen die SV-Akteure die Mehrzahl ihrer Spiele und hoffen auf weitere Erfolge.

Im Beisein der rund 80 Vereinsmitglieder, darunter Ehrenmitglied Helmut Kremer, Ortsvorsteher Heinz-Peter Hammer sowie der Vorsitzende des Fußballkreises Rhein-Ahr, Walter Merten, wurden schließlich langjährige verdiente Mitglieder geehrt. Nach 50 Jahren Vereins-treue erhielt Christian Iven den Titel des Ehrenmitgliedes. Die höchste Vereinsauszeichnung, die Goldene Ehrennadel für 25 Jahre Mitgliedschaft, wurde Margot Schäfer und Helene Ueberbach verliehen.

Julia Kranzl erhielt die Ehrennadel in Silber für 20 Jahre Mitgliedschaft. Frank Krajewski und Holger Wiese sind bereits seit 15 Jahren mit dabei. Auch der Fußballverband Rheinland ließ es sich nicht nehmen, an diesem Abend zwei verdiente Vereinsmitglieder zu ehren. Jugendleiter Marc Göttlicher erhielt aus den Händen von Walter Merten den Ehrenbrief des Fußballverbandes Rheinland, zudem wurde Hans-Peter Schäfer mit der silbernen Ehrennadel ausgezeichnet.
Judith Schumacher

Quelle:Rhein-Zeitung vom 10.03.2008

Skulptur soll das Rheinufer verschönern
Hermann Klein ist neu im Ortsbeirat Kripp
Kritische Worte zum Bebauungsplan "Alter Sportplatz"

Der Kripper Ortsbeirat hat ein neues Mitglied. Bei den Sozialdemokraten rückt Hermann Klein für Willi Vogt nach, der aus gesundheitlichen Gründen von seinem Amt zurücktrat.

In der jüngsten Sitzung des Gremiums im Gasthaus Rhein-Ahr ist unter anderem die Gestaltung des Kripper Skulpturenufers erörtert worden. Gemeinsam mit dem Heimat- und Bürgerverein hatte der Künstler Johannes Brus die letzten Modalitäten geklärt. Seine Skulptur mit dem aus Beton gegossenen Treidelkahn, auf dem aus Bronze gegossene Pferde transportiert werden, wird demnächst das Rheinufer verschönern. Es soll an die Tradition des Rheinortes erinnern, wo in früheren Zeiten Pferde die Kähne entlang des Rheins zogen. Gleichzeitig soll die Brücke in die Gegenwart geschlagen werden, in der es nun eher die Vierbeiner sind, die transportiert werden. Die zuvor vom Heimat- und Bürgerverein aufgestellte Schiffsschraube und der Blumenkahn werden etwas versetzt, sodass ein Dreieck mit den ortstypischen Symbolen entsteht.

Die neu gestaltete Uferzeile soll für Kripp beim Wettbewerb "Unser Dorf hat Zukunft" Eindruck machen. Bei der erneuten Offenlage des Bebauungsplanes am "Alten Sportplatz" merkten die Kommunalpolitiker kritisch an, dass bei der Planskizze der Schulhof nur schriftlich, nicht aber eingezeichnet war. "So wäre für künftige Anwohner klarer erkennbar, dass dort auch nachmittags Kinder und Jugendliche spielen", meint Ortsvorsteher Heinz-Peter Hammer.

Der Schulhof wird erweitert und erhält neben einer Multifunktionsfläche eine 50-Meter-Laufbahn und eine Sprunggrube. Außerdem regte der Ortsbeirat an, die Planstraße zu dem Bebauungsgebiet "Am alten Sportplatz" zu nennen. (jus)

Quelle: Rheinzeitung 14.03.2008

Kripper Sportler werden Bauherren
Weiter mit Hans-Peter Schäfer
Der SV Kripp baut auf seine bewährte Vorstandsmannschaft

Die Jahreshauptversammlung sprach bei den turnusmäßig angestandenen Wahlen wie bereits in den vergangenen 25 Jahren ihrem Vorsitzenden Hans-Peter Schäfer das Vertrauen aus. Ihm zur Seite steht Bianca Schmitt.. Zur Geschäftsführerin wurde Gisela Göttlicher gewählt, während Heike Freitag die Kasse verwaltet. Fußballobmann bleibt Siegfried Pütz. Und die Fußballjugend wird auch in Zukunft von Marc Göttlicher betreut. Als Beisitzer komplettieren Ricarda Scherhag, Carmen Tempel und Ralf Schäfer den Vorstand. Das Aushängeschild des Vereins bilden seit Jahren die Juniorenfußballer. Sowohl die Mädchen als auch die Jungen gehen in allen Alters- klassen auf Torjagd. Die Versammlung folgte daher einem Antrag von Jugendleiter Marc Göttlicher, nach dem sich die Fußballjugend im SV Kripp künftig mit eigenem Vorstand und eigener Jugendordnung selbstverwalten kann. Über einen bemerkenswerten Zulauf von Jugendlichen durften sich nicht zuletzt die Stadt- soldaten/Prinzengarde um Kommandant Axel Blumenstein freuen. Die gehören auch zum Verein. Um finanziell für den geplanten Neubau eines vereinseigenen Umkleidegebäudes am Kripper Sportplatz gerüstet zu sein, schöpft der Verein seit geraumer Zeit die vorhandenen Sparpotenziale aus. Marc Göttlicher gab der Versammlung bekannt, dass man nur noch auf die Baugenehmigung der Kreis- verwaltung sowie den positiven Zuschussbescheid des Sportbundes Rheinland warte. Dann könne man mit dem Bau des 178 Quadratmeter großen und über 16 Räume verfügenden Gebäudes beginnen. Die Kosten gab Göttlicher mit rund 110 000 Euro an. Zudem hofft der Verein, dass die Stadt nach den Verzögerungen durch die erneute Offenlage des Bebauungsplanes spätestens im Juni mit dem Bau des neuen Kunstrasenplatzes beginnen wird. "Einschließlich der Ausschreibungen sei alles in die Wege geleitet, hat mir der Bürgermeister zuletzt versichert", ist Schäfer zuversichtlich. Der neue Sportplatz auf der Wiese am Gewerbegebiet Remagen-Süd ersetzt das so genannte "Lederpark-Stadion" zwischen Pastor-Keller- und Römerstraße. Der dort im Jahr 1960 gebaute Platz ist nie wirklich über das Stadium eines Provisoriums hinausgekommen. Zudem gilt er als Blei belastet, und ist Gegenstand jahrelanger Querelen mit den Anwohnern, die sich über unzumutbare Lärmbelästigungen beklagen. ln

Quelle: Bonner General-Anzeiger, 22.03.2008, S. 7

Anlieger fordern Hochwasserschutz
Notgemeinschaft unterstützt bei Georgi
Pläne des Koblenzer Architekten
Die Rheinanlieger in Kripp kritisieren die stete Untätigkeit der Stadt beim Hochwasserschutz.

Wie geht es mit dem Hochwasserschutz in Kripp nach der Versteigerung des Quellen- Lehnig-Geländes weiter? Das wollte die Hochwassernotgemeinschaft (HWNG) von

Remagens Bürgermeister Herbert Georgi wissen.

Die seit vielen Jahren verfallende Industriebrache, an der täglich Hunderte Reisende und Pendler vorbeifahren, die über die B 266 den Rhein queren wollen, hat bei der Versteigerung in 2007 einen neuen Besitzer gefunden. Der Stadtverwaltung liegt ein Entwurf des Koblenzer Architekten Leicher vor, der den Bau von Eigentumswohnungen am Rande des Naturschutzgebietes Ahraue mit dem integrierten Bau eines Leitdammes als Hochwasserschutz plant. Die Häuser bekämen zur Ahr- und zur Rheinseite hin eine Hochwassermauer, die einem laut Statistik alle 200 Jahre stattfindenden Hochwasserereignis entspricht. Der frühere Entwurf eines Hochwasserleitdammes über die gesamte Fläche, wie ihn der Vorgänger von Bürgermeister Georgi favorisiert hatte, wäre dann nicht mehr erforderlich.

Der Grundgedanke einer Integration des Leitdammes in eine Baukonstruktion mit Eigentumshäusern ist aus Sicht der HWNG eine akzeptierte Planung, die man voll unterstützt. "Die Planung zeigt eine Möglichkeit, den begonnenen Hochwasserschutz, der auf dem "Alfter-Gelände" entstanden ist, in einer Linie bis zum Rhein fortzusetzen", so die Notgemeinschaft. Sie fürchtet jedoch, "dass die Betroffenen im gefährdeten Hochwassergebiet wie seit nunmehr 23 Jahren ausschließlich mit Ideen- und Planungsphasen abgespeist werden". Dabei hat die neue Planung aus Sicht des Vereins zwei entscheidende Vorteile für die Stadt. Die Lücke zwischen der neuen Bebauung und dem "Alfter-Gelände" würde geschlossen. Zudem hätte die Stadt nur noch ein Drittel der Kosten zu tragen, die beim Hochwasserleitdamm auf der gesamten Länge entstehen würden.

Im Gespräch mit Bürgermeister Georgi sei jedoch deutlich geworden, dass die Stadt erst dann den Lückenschluss zur Planung freigeben werde, wenn die Bauvorhaben auf dem Quellen-Lehnig-Gelände umgesetzt werden. "Damit entscheidet sich die Stadt erneut dazu, sich von einem möglichen Investor in seiner eigenen Stadtplanung abhängig zu machen, wie wir das schon seit vielen Jahren mit negativen Folgen erleben." Sollte einem Investor das Bauvorhaben zu risikoreich erscheinen, werde sich an der derzeitigen prekären Lage des Hochwasserschutzes in Remagen-Kripp weiterhin nichts ändern, folgert der Verein. Dessen Hoffnungen ruhen jetzt auf dem neuen Besitzer des Quellen-Lehnig-Geländes. Mit ihm wurde ein Ortstermin vereinbart.

Quelle: Rhein-Zeitung vom 09.04.2008

Kripper Schule soll auf Oberwinter folgen
Freie Bürgerliste sucht private Investoren

Die Freie Bürgerliste Remagen jubiliert angesichts des einstimmigen Beschlusses des Rates der Stadt Remagen, dass die Turnhalle der Grundschule in Oberwinter mit der Kraft der Sonne Strom erzeugen wird. Die FBL sieht die Photovoltaikanlage, für die sie sich eingesetzt hat, als Pilotprojekt für Remagen und hofft auf eine Initialzündung. Die FBL-Fraktion dankt Verwaltung und Rat für die Unterstützung bei der Durchsetzung ihrer Bemühungen um den Einstieg in die Photovoltaiknutzung und freut sich, "dass die Bereitstellung außerplanmäßiger Haushaltsmittel für dieses notwendige Umweltprojekt einhellige Unterstützung erntete". Das Projekt trage aber nicht nur zum Klimaschutz und zur Ressourcenschonung bei, sondern sei für die Stadt auch noch finanziell sehr attraktiv. Jetzt gelte es, das Projekt ohne Zeitverzug fachmännisch versiert auszuschreiben, wobei die Bürgerliste der Stadt Unterstützung anbietet. Mit dem Beschluss des Rates bahne sich allerdings noch ein weiterer Schritt an. Denn ein weiteres Sahnestück in Remagen - das Dach der Turnhalle der Grundschule in Kripp - soll nach Vorstellung der Bürgerliste ebenfalls mit Photovoltaik ausgestattet werden. Dies solle allerdings nicht mit öffentlichen Haushaltsmitteln, sondern mit privaten Investoren erfolgen. Leider sei der Zeitrahmen zu knapp gewesen, um das Kripper Projekt im Beratungsstadium auch schon dem Ortsbeirat vorzustellen. Das soll jedoch in der nächsten Ortsbeiratssitzung geschehen."Wir sind gespannt, ob es insbesondere mit Hilfe unserer Mitbürger(innen) innerhalb weniger Wochen gelingt, die Investitionssumme zusammen zu tragen", erklärt die FBL.Eine lohnenswerte Rendite des eingesetzten Kapitals werde derzeit berechnet und die rechtliche Ausgestaltung des Finanzierungsmodells mit erfahrenen Experten erarbeitet. sim

Quelle: Bonner General-Anzeiger, 19.04.2008, S. 9

Neuer Lebensabschnitt für Pfarrer Udo Grub
Evangelische Pfarrei Remagen-Sinzig verabschiedet den Geistlichen nach gut 30 Dienstjahren.
Die Arbeit mit Jugendlichen war für den Seelsorger eine Herzenssache

In der Gemeinde und unter Kollegen gilt er als ein Mann der leisen Töne. Schaut man aber genauer hin, so muss man feststellen: Die Stimme von Udo Grub hat Gewicht. An diesem Wochenende heißt es für den 65-Jährigen Abschied nehmen. In den leichten Wehmut, nach gut 29 Jahren als evangelischer Pfarrer der Pfarrei Remagen-Sinzig in den wohlverdienten Ruhestand zu treten, mischt sich aber auch ein nicht gerader kleiner Teil der Freude. Freude über wieder deutlich mehr Zeit für die Familie, für die Ehefrau Elke, mit der Udo Grub seit gut 27 Jahren verheiratet ist. Aber auch mehr Zeit für die vier Kinder sowie die eigenen Hobbys.

Es war die zweite feste Stelle als "richtiger Pfarrer", die Udo Grub in das Rheinland verschlug. In Oberhausen im Jahr 1943 geboren - der Vater geriet kurz vor Kriegsende in russische Gefangenschaft und kam dabei ums Leben -, absolvierte Grub die Schulzeit sowie ein Großteil des Studiums in Wuppertal, Heidelberg und Bonn. Noch als "Pastor im Hilfsdienst" trat Udo Grub seine erste Stelle in Duisburg-Meiderich an. Nach der Ordination, der feierlichen Segnung und Sendung zur öffentlichen Wortverkündigung, übernahm Grub für sieben Jahren eine Stelle in Erkrath bei Düsseldorf, bis er schließlich 1979 die Stelle als Pfarrer der Pfarrei Remagen-Sinzig antrat.

Blickt Pfarrer Udo Grub auf die drei Jahrzehnte geistlichkirchlicher Arbeit in der Pfarrei Remagen-Sinzig zurück, so gibt es nach eigenem Bekunden eine Vielzahl angenehmer und durchaus auch schöner Erinnerungen.

Besonders viel Freude machte Grub die Begleitung der Konfirmanden sowie die allgemeine Jugendarbeit, aus der unter anderem auch der neue Pfadfinderstamm "Albert Schweitzer" im Ortsteil Kripp hervorging.

"Die Jugend ist der Grund, auf dem wir unsere eigene Zukunft bauen können und zum Teil auch müssen. Nur wenn wir die Jugend in die Kirche integrieren, werden wir selber als Kirche auch eine Perspektive haben", nennt Grub die Hauptmotivation für sein Engagement um die Jugendarbeit. Zu eben diesem Arbeitsbereich gehört für den Theologen seit dem Jahr 2000 aber auch die seelsorgerische Betreuung der Studierenden auf dem Rhein-Ahr-Campus, der Remagener Fachhochschule.

Mit einem eben solchen Engagement war Udo Grub aber auch über viele Jahre hinweg als Synodal-Beauftragter für die Ausländerbetreuung im Kirchenkreis Koblenz zuständig. In dem Verein der Ökumenischen Flüchtlingshilfe Rhein-Ahr hatte Udo Grub über 22 Jahre hinweg das Amt des zweiten Vorsitzenden inne. "In all der Zeit haben wir dich als zupackende Hilfe oder manchmal auch kritischen Arbeiter im Weinberg Gottes erlebt. Du hast versucht, Christ-Sein glaubwürdig zu leben und warst damit vielen ein Vorbild", würdigt Vereinsvorsitzender Klaus Neufang den angehenden Ruheständler Grub. Auf ein gut bestelltes Feld der Ökumene kann Udo Grub nach seinen 29 Dienstjahren zurückblicken. "Vieles von dem, was wir in der Vergangenheit erreicht haben, war und ist nur durch das Miteinander der Christen, auch über konfessionelle Grenzen hinweg, zu erreichen gewesen", erinnert sich Grub. Lediglich die Frage um die eigene Nachfolge im Amt lässt noch einige Fragen offen. Das Landeskirchenamt in Düsseldorf hat der Gemeinde eine Liste mit sieben Bewerbern zugesandt, Termine für die Bewerbungsgespräche mit dem Presbyterium gibt es allerdings noch nicht.Mit einem Festgottesdienst am Sonntag, 1. Juni, ab 14.30 Uhr in der Friedenskirche Remagen und einer anschließenden Feierstunde im Katholischen Pfarrheim Sankt Peter und Paul, wird Pfarrer Udo Grub in den Ruhestand verabschiedet. Die offizielle Entpflichtung wird dabei Synodalassessor Hans-Joachim Hermes vornehmen.

Andreas Wetzlar

Quelle: Bonner General-Anzeiger, 31.05.2008,

Rheinufer in Kripp ist neu gestaltet
Bürger- und Heimatverein traf die Vorbereitungen und überarbeitete die Exponate

Die Kripper Rheinpromenade präsentiert sich wieder in neu gestalteter Form. Nach dem Entscheid des Ortsbeirates Kripp setzte der Bürger- und Heimatverein unter Mithilfe des städtischen Bauhofes in Remagen in den vergangenen Wochen die Exponate um.

Die Umgestaltung ist erforderlich, weil bald eine Skulptur des Künstlers und Bildhauers Johannes Brus in Zusammenarbeit mit dem Arp-Museum das Rheinufer bereichern wird. Im Rahmen des Skulpturenufers wird in Kripp ein Kunstwerk in Form eines Treidelkahns mit Bronzepferden aufgestellt.

Daher liegt der alte Blumenkahn jetzt - nach kräftiger Renovierung und neuem Anstrich - in Basaltsteinen eingebettet und mit voller Blumenpracht vor dem früheren Lindenhof. Auch der Schiffsmast wurde angestrichen und mit Europameisterschaftsfähnchen und

Fahnen der Sponsoren des Mastes bestückt. Die Schiffsschraube und der alte Anker erscheinen nach dem Standortwechsel ebenfalls in neuem Glanz. Voraussichtlich im nächsten Monat wird das Werk von Johannes Brus die Kripper Rheinpromenade vervollständigen. "Im Zeichen des Skulpturenufers Kripp werden hoffent-lich auch viele Gäste und Besucher angezogen, die dann auch zum Bekanntheitsgrad unseres alten Treidel-Ortes beitragen", hofft Harry Sander, Vorsitzender des Heimat- und Bürgervereins.

Quelle: Rhein-Zeitung vom 22.07.2008

110 000 Euro für Vereinsheim
Kripper Sportler beginnen mit dem Bau ihres neuen Umkleidegebäudes
Auf diesen Moment haben die Sportler in Kripp lange gewartet

Am vergangenen Wochenende konnte der SV Kripp im Beisein von Bürgermeister Herbert Georgi und Ortsvorsteher Heinz-Peter Hammer den ersten Spatenstich für sein neues vereinseigenes Umkleidegebäude samt Aufenthaltsraum setzen. Damit wurden die Bauarbeiten des 110 000 Euro teuren Projektes der Kripper Sportler nach detail-lierter Planung auf den Weg gebracht. Bereits wenige Tage zuvor hatten die Erdarbeiten begonnen. In Kürze soll der Aufbau der Bodenplatte folgen. Insgesamt umfasst der Neubau des Umkleidegebäudes 13 Räume, inklusive Aufenthaltsraum, Nassräumen und Umkleidekabinen.

Von den rund 110 000 Euro Gesamtkosten, die der SV Kripp für dieses Vorhaben veranschlagt hat, soll der überwiegende Teil durch Eigenleistungen und Spenden erbracht werden. Des Weiteren werden die Stadt, der Kreis und der Sportbund den Kripper Sportlern finanziell unter die Arme greifen. Architekt Udo Diehl hofft auf eine schnelle erste Bauphase, sodass der 500 Mitglieder zählende Verein im kommenden Herbst mit dem Innenausbau starten kann. Die Fertigstellung des Umkleidegebäudes ist dann für das Frühjahr 2009 geplant. "Wir freuen uns über finanzielle Unterstützung spendenfreudiger Gönner", ließen die Kripper Sportler im Rahmen des ersten Spaten-stichs wissen

Quelle: Rhein-Zeitung vom 29.07.2008

Bildstock in neuem Glanz
Madonna hat wieder eine schöne "Wohnung"

Der Bürger- und Heimatverein Kripp um Vorsitzenden Harry Sander und Geschäfts-führer Dieter Heckenbach hat den alten Bildstock am Hause von Mahmut Cagas wieder in neuen Glanz versetzt und die Madonna restauriert, die im Laufe der Zeit Schaden genommen hatte. Die Metallgittertür wurde von Vereinsmitglied Richard Welter überarbeitet und gerichtet. Anschließend bekam sie einen neuen Anstrich und eine extra angefertigte Plexiglasscheibe. Die Marienfigur wurde seinerzeit aus dem Hause Balthasar und Hannelore Wahl als Ersatz für die abhanden gekommene Muttergottes zur Verfügung gestellt.

Der kleine Bildstock wurde früher auch als Prozessionsaltar genutzt. Ursprünglich gehörte das Gebäude mit dem Heiligenhäuschen der Familie Haenscheid, die es 1878 kaufte. Später heiratete Paul Sting die Tochter Margarete des Hauses Haenscheid und lebte mit ihr in diesem Anwesen. Paul Sting war Gemeindediener und für die Bekanntmachungen und andere Dinge der Stadt Remagen im alten Rheinort zuständig.Nun können sich die Kripper Bevölkerung und die Besucher des Ortes sich wieder an dem Bildstock erfreuen. wtz

Quelle: Bonner General-Anzeiger, 29.07.2008, S. 18

Guten Morgen
Missgriff an der Zapfsäule
Neuralgische Stellen in Kripp beäugt

Die derzeitigen Spritpreise machen aus dem an sich harmlosen Tankvorgang einen taktischen Schlagabtausch. Pokerspieler haben dabei einen Vorteil. Denn es gilt, sich für den richtigen Zeit-punkt zu entscheiden. Ich stelle mir nach einem Blick auf die Preistafel täglich die gleiche Frage: "Tanke ich, oder tanke ich noch nicht?" Meist entscheide ich dann, dass der Spritpreis bestimmt noch etwas fallen wird - und fahre weiter. Neulich habe ich dann doch einmal einen günstigen Moment genutzt. Ein beherzter Griff zur Zapfpistole, und schon gurgelte das flüssige Gold in den Tank. Etwa 36 Euro später machte mich der große Unterschied zwischen Preis und Füllmenge dann doch etwas stutzig - und ich schaute genauer hin. Was dort gerade in den Vorratsbehälter floss, war nicht Super, sondern Super Plus. Dieser horrendteure Treibstoff für Formel-Eins-Boliden machte meine taktischen Schachzüge natürlich wieder zunichte. "Aber der Motor läuft doch viel ruhiger", könnte der geneigte Leser jetzt einwerfen. Das mag sein. Fällt aber nur auf, wenn man seine Runden auf dem Nürburgring dreht und nicht auf der B 257 zwischen Adenau und Altenahr.

CDU-Vorsitzender Detlef Lempio, Mitglied der CDU Kripp, sowie MdL Guido Ernst und Ortsvor-steher Heinz-Peter Hammer sahen sich bei einem Rundgang in Kripp einige neuralgische Stellen des Rheinortes an. Vom Bebauungsgebiet Badenacker über Quellen-Lehnig, den vorgesehenen Standort der Skulptur des Arp-Museums, die ungenehmigte Erdanschüttung im Hochwasserschutzgebiet und den Retentionsraum für das Baugebiet Badenacker ging es zum neuen Sportplatz von Kripp.

Hier traf man den Vorsitzenden des SV Kripp, der über die Schwierigkeiten beim Bau des Vereins-heimes berichtete. Einen Abschluss fand die Gruppe der Wanderer auf dem alten Sportplatz und Schulgelände, wo schon das CDU-Mitglied Klaus Kupp mit einem kräftigen Eintopf und Getränken wartete. Hier wurde der Tag noch einmal zusammengefasst, und nachdem man sich kräftig gestärkt hatte, ging die Gruppe mit dem Vorsatz auseinander, sich mit diesen wichtigen Kripper Themen in nächster Zeit nachhaltig zu beschäftigen.

Quelle: Rhein-Zeitung vom 28.08.2008

Kripp freut sich auf neuen Sportplatz
Spatenstich: Nur vier Monate Bauzeit geplant

Mit Schwung griffen gestern Remagens Bürgermeister Herbert Georgi, Kripps Ortsvorsteher Heinz-Peter Hammer und die zweite Vorsitzende des SV Kripp, Bianca Schmitt, zum Spaten - der erste "Handschlag" für die Errichtung des 860 000 Euro teuren neuen Sportplatzes. Die reine Bauzeit ist für vier Monate angesetzt.
Allerdings muss das Wetter mitspielen. "Wir hoffen auf einen schönen Altweibersommer, denn Kälte und Nässe wären absolut unverträglich für den sand- und gummigranulatverfüllten Kunstrasenbelag, der unter solchen Bedingungen nicht richtig abbinden und aushärten könnte und deshalb gar nicht erst ausgebracht werden würde", gab Frank Nelles vom Bauamt Auskunft.

Wäre dies der Fall, so würde sich die Fertigstellung möglicherweise bis zum Frühjahr hinausziehen. "Wir sind schon froh, wenn der Platz bis zur Rückrunde nach der Winterpause im März bespielbar ist", sagte Bianca Schmitt.

Der SV Kripp hat mit seinen insgesamt 500 Mitgliedern - davon allein 300 Kinder und Jugendliche - dringenden Bedarf. Der alte Sportplatz im Ortskern ist quasi dauerbelegt von den insgesamt elf Mannschaften. Zu denen gehört neuerdings auch eine kickende Damenmannschaft.

Die neue Sportanlage hat eine Spielfeldfläche von 6200 Quadratmetern, die über eine Flächen-drainage entwässert wird. Über der ungebundenen Tragschicht aus Schotter wird ein Gummigranulat und schließlich der Kunstrasen verlegt.

Die Sportler sollen über die Verlängerung der Römerstraße und einen Wirtschaftsweg zu dem um-zäunten Platz gelangen, der mit einem Pflasterweg umgeben wird. Für das Training und die Spiele in den Abendstunden wird der Sportplatz mit einer Flutlichtanlage ausgestattet. Zusätzlich werden Jugendspielfelder mit mobilen Fußballtoren auf beiden Platzhälften liniert.

Bald soll es auch an den Bau der Umkleidekabine gehen, die allein an Material 50 000 Euro kosten wird. "Den Rest will der Verein in Eigenleistung erbringen, man hofft aber dringend auf Zuschüsse und Sponsoren", betont Vogel. Der SV wolle bis zum Winter mit dem Rohbau fertig sein, der Innenausbau erfolgt dann bis zum Beginn der Vorrunde. (jus)

Quelle: Rhein-Zeitung vom 05.09.2008

Kripper Skulpturenufer erinnert an Treideltradition

Fünf Tonnen schwerer Betonkran des Künstlers Johannes Brus und Exponate des Heimatvereins werden Donnerstag präsentiert. Die Rheinfront in Kripp bekommt mit der Ausdehnung des Skulpturenufers in Zusammenarbeit mit dem Arp Museum ein verändertes Bild.

Fast zwei Jahre wurde im Kripper Ortsbeirat diskutiert. Vorschlägen wie eine "Riviera am Rhein" - die nun bald auf der Remagener Rheinpromenade entsteht -, ein abstrakter Brunnen, ein "Unterwasserzimmer" oder gar eine Essigbaumbepflanzung wurden letztlich verworfen. Jetzt sind die letzten Schritte für die endgültige Gestaltung getan.

Der Bürger- und Heimatverein (BHV) hatte den Künstler Johannes Brus dafür gewinnen können, eine abstrahierte Skulptur mit dem Titel "Treidelpfad" zu installieren, die an die Treideltradition des Ortes erinnert. Der fünf Tonnen schwere Betonkahn, auf denen zwei entgegengesetzte Bronzepferde einmal flussauf- und flussabwärts ausgerichtet sind, hat nun seinen Platz gefunden. Im Vorfeld mussten die Exponate des BHV versetzt werden. Der Anker, die Schiffsschraube und die Bronzetafel erinnern an den Aufstand der Treidelschiffer (Rheinhalfen) angesichts der aufkommenden Dampfschifffahrt. Dies ist mit Unterstützung durch den städtischen Bauhof bereits vor der Sommerbepflanzung geschehen.

Der alte Blumenkahn liegt nun nach Sanierung und neuem Anstrich in Basaltsteinen eingebettet vor dem Lindenhof. "Um ein einheitliches Bild zu schaffen, wurden auch der Anker und die Schiffsschraube, die ebenso wie der Schiffsmast einen neuen Anstrich erhielten, neu geordnet", erläutert Harry Sander, Vorsitzender des Bürger- und Heimatvereins.

Die einzelnen Ausstellungsstücke erhielten eine in Schiffsform angeordnete Verbindung mit alten Kripper Rotbrandsteinen. So entsteht der Eindruck, der davorstehende Böller schieße auf ein Dampfschiff - zur Erinnerung an den Hafenaufstand, der 1848 von den Bonner Husaren nieder-geschlagen wurde.

"Wir sind froh, dass wir in Johannes Brus einen Künstler gefunden haben, der uns in allen Belangen gut beraten hat", äußert sich Sander und hofft wie auch Ortsvorsteher Heinz-Peter Hammer, dass viele Gäste und Besucher sich von dem neuen Umfeld begeistern lassen. Die neu gestaltete Uferzeile wird am Donnerstag, 11. September, um 19 Uhr in einer Feierstunde eingeweiht. (jus)

Quelle: Rhein-Zeitung vom 10.09.2008

Skulpturenufer in Kripp vollendet
Nach Diskussionen und Räumarbeiten steht jetzt das Kunstwerk
Auch der Süden des Remagener Skulpturenufers ist nun um ein Kunstwerk reicher.
Am Donnerstag wurde es feierlich vorgestellt.

Zwei Pferde aus Bronze stehen dicht an dicht, das eine flussabwärts schauend, das andere den Rhein hinauf, auf einer Barke aus Beton, die sich kaum für eine Fahrt übers

Wasser eignet. Dafür ist das Werk des Künstlers Johannes Brus, der durch seine Ausstellung im Arp Museum hierzulande an Bekanntheit gewonnen hat, als weiterer Baustein des Skulpturenufers in Kripp installiert worden.

Das Skulpturenufer wurde 2001 im Norden von Remagen begonnen. Jetzt wurde dieser Teil der Kripper Rheinpromenade unter Beteiligung einiger Verantwortlicher eingeweiht. Brus Skulptur "Treidelpfad" erinnert gemeinsam mit einer Schiffsschraube, einer Bronzetafel und einem Anker vom Bürger- und Heimatverein an das Ende eines Geschichtsabschnitts des Ortes: den Aufstand der Rheinhalfen 1848, die mit Pferden bis zur Ära der Dampfschifffahrt ihre Waren auf Kähnen den Fluss entlang "treidelten" (zogen).

"Die Kripper haben den Ruf, eine eingeschworene und wehrhafte Gemeinschaft zu sein, die mit aller Hartnäckigkeit verteidigt, was ihr lieb und teuer ist. Das hat sich bis heute gehalten", erinnerte Jutta Mattern, Kuratorin des Arp-Museums an die schwierigen Verhandlungen bei der Auswahl eines adäquaten Kunstwerks.

Die vergangenen Diskussionen hatten sogar zu Austritten aus dem Bürger- und Heimatverein geführt. Pferde seien ein lieb gewonnenes Subjet des Künstlers, und die Geschichte des Ortes habe ihm hier einen guten Nährboden gegeben. "Es wird immer notorische Nörgler geben - aber das Arp-Museum hat auch durch die Installation gezeigt, dass es ein Teil von Remagen ist und kein Inseldasein führt", äußerte sich Ortsvorsteher Heinz-Peter Hammer.

Remagens Bürgermeister Herbert Georgi betonte noch einmal, wie außergewöhnlich es ist, wenn eine Gemeinde mit einem Museum und mehreren Künstlern einen Vertrag über zu schaffende Kunstwerke abschließt, wie dies 2003 geschehen sei. Der Künstler, Johannes Brus, selbst freute sich über die zuletzt gefundene Lösung. "Ich hoffe einfach, dass es ihnen gefällt", wünschte er sich und den Kripper Bürgern. (jus)

Quelle: Rhein-Zeitung vom 13.09.2008

Gebühren steigen nur für Grabstellen
Stadtrat Remagen: Urnenbestattungen lassen Einnahmen sinken

Defizitär ist und bleibt die Unterhaltung der Remagener Friedhöfe. Auf rund 70 000 Euro beläuft sich nach Hochrechnungen der diesjährige Fehlbetrag. "Die Kalkulation stimmt nicht mehr", konstatierte Bürgermeister Herbert Georgi im Rahmen der Stadtratssitzung am Montag.

Der Hauptgrund der finanziellen Schieflage bei der Unterhaltung der Friedhöfe liegt bei den immer beliebteren Urnenbestattungen: Sie vermindern die erwarteten Einnahmen der Stadt Remagen drastisch. Eine Erhöhung der Gebühren, die auch von der Kommunalaufsicht wiederholt angemahnt wurde, soll das Defizit mindern.

Der diesbezüglichen Beschlussvorlage der Verwaltung folgte der Stadtrat aber nur teilweise: Er beschloss zwar die fünfprozentige Anhebung der Grabstellengebühren; gleichzeitig verhinderte eine knappe Mehrheit die ebenfalls geplante Gebührenerhöhung für Urnengräber. Danach wären für Reihenurnengräber zukünftig statt 348 Euro 400 Euro und für Wahlurnengräber statt 695 Euro 800 Euro fällig gewesen. Hauptargument der Gegner: Die kostengünstigere Variante der Bestattung müsse für die Bürger erhalten bleiben. Das Ende der "Bestattungspreisspirale" und "eine an die tatsächlichen Bedürfnisse angepasste Friedhofsplanung" forderte der stellvertretende FBL-Sprecher Otto Lembke. Dass sich in Sachen Friedhofsplanung etwas ändern muss, fanden auch viele seiner Kollegen - und setzten das Thema auf die Agenda für 2009.

Die Qual der Wahl hatten die Ratsmitglieder bei der Besetzung des Schiedspersonen-Postens für den Bezirk Remagen II. Zur Auswahl standen drei Kandidaten: Die CDU brachte Wilhelm Brumshagen (Oberwinter), die SPD Dieter Stammler (Oberwinter) und die Wählergruppe Wolfgang Marx (Rolandseck) an den Start. Das Rennen machte am Ende Brumshagen: Die geheime Wahl endete mit einer äußerst knappen Mehrheit für den CDU-Vorschlag.

Die Zuständigkeit bei der Annahme von Spenden (gemäß Paragraf 4 der Gemeindeordnung) delegierte der Rat per Beschluss auf den Haupt- und Finanzausschuss. Zu weiteren Beratungen eben dorthin verwiesen wurde die "Änderung der Satzung über die Ablösung von Stellplatzverpflichtungen".

Einstimmig votierte der Rat für die Änderung des Bebauungsplanes "Gewerbegebiet II" und damit für die Festsetzung einer etwa 9000 Quadratmeter großen Fläche an der Südallee als Gewerbefläche.

Eine Absage erteilte der Rat dagegen der von einem Grundstückseigentümer beantragten Änderung des Bebauungsplanes "Lange Fuhr" in Kripp. Geringfügig geändert wurde der Bebauungsplan "Friedhof Oedingen Kapellenstraße". Demnach kann am Ende der Kapellenstraße künftig um zwei Meter näher an die Friedhofserweiterungsfläche gebaut werden als bisher vorgesehen.

Quelle: Rhein-Zeitung vom 01.10.2008

Eine Ehrennadel für den langjährigen Jugendwart
Tag der offenen Tür der Freiwilligen Feuerwehr Kripp
Jugend zeigt, was sie auf dem Kasten hat

Viel los war auf dem Tag der offenen Tür der Freiwilligen Feuerwehr in Kripp. Eine Festansprache hielt unter anderem Remagens Bürgermeister Herbert Georgi: "Jeder Ort braucht seine eigene Feuerwehr. Denn die Wehr dient nicht nur dem Schutz und der Hilfe, sondern übernimmt auch erzieherische Aufgaben für die Jugend in unserer Gesellschaft."Der Tag der offenen Tür wird bei der Feuerwehr gerne für Beförderungen oder Verpflichtungen genutzt. So auch bei der Kripper Einheit, wo ein Wechsel auf der Führungsebene anstand. Aus beruflichen Gründen legte Jörg Laux sein Amt als stellvertretender Einheitsführer nieder. Zu seinem Nachfolger ernannte Bürgermeister Georgi Achim Geil.

Einen ganz besonderen Grund zum Feiern hatte die Jugendfeuerwehr im Fährort Kripp. Denn seit zehn Jahren wird der Nachwuchs für die Aktivenabteilung in einer eigenen Jugendfeuerwehr ausgebildet. "Die Tatsache, dass es seit der Gründung der Jugendfeuerwehr hier in Kripp nur zwei Jugendfeuerwehrwarte gegeben hat, ist ein Zeichen für die gute Zusammenarbeit", lobte Kreisfeuer-wehrinspekteur Udo Schumacher die Kontinuität an der Spitze der Kripper Jugendfeuerwehr, die vor zehn Jahren von Ingo Wolf und Günter Keller aus der Taufe gehoben wurde.

Günter Keller, der bis April 2005 auch die Leitung der Jugendfeuerwehr inne hatte, wurde zudem durch den Kreisjugendfeuerwehrwart, Dirk Schorn, mit der Ehrennadel der Jugendfeuerwehr des Landes Rheinland-Pfalz gewürdigt. Auf die 17 Mitglieder der Kripper Jugendfeuerwehr wartete am Nachmittag dann noch eine weitere Aufgabe. Sie mussten einen gestellten Scheunenbrand löschen. Bei der realistischen Übung kam auch das neue Löschfahrzeug der Kripper Wehr zum Einsatz. Es ist ein mit 750 Liter Löschwasser bestückter Gerätewagen. wtz

Quelle: Bonner General-Anzeiger, 04.10.2008, S. 20

Kripp: Hammer tritt erneut an
CDU-Ortsvorsteher strebt Wiederwahl an
Stadtratskandidaten nominiert

Mit Heinz-Peter Hammer, dem amtierenden Ortsvorsteher, als Spitzenkandidat tritt der CDU-Ortsverband Kripp bei der Kommunalwahl im Juni 2009 an. Das beschlossen die Mitglieder bei ihrer Versammlung im Gasthaus Rhein-Ahr. An diesem Abend wurden auch die Kandidaten für die Stadtratsliste der Remagener CDU nominiert.

Nach der Begrüßung seiner Parteifreunde berichtete der Vorsitzende des Ortsverbandes, Detlef Lempio, über die Aktivitäten in den vergangenen Monaten. Dabei nahm er Bezug auf die Stamm-tische der Kripper CDU, die Ortsbegehung sowie das mittlerweile traditionelle Reibekuchenfest der Christdemokraten aus dem Fährort.

Nach einer kurzen Diskussion und dem Ausblick auf zukünftige Planungen übergab er das Wort an den Bürgermeister Herbert Georgi, der an der Versammlung seiner Parteifreunde aus dem Remagener Stadtteil teilnahm. In seinem Grußwort sprach Georgi über die finanzielle Situation der Stadt und die daraus resultierenden Möglichkeiten und Hindernisse, Projekte umzusetzen. Im weiteren Verlauf des Abends konnte Detlef Lempio den Stadtverbandsvorsitzenden Joachim Tietz begrüßen, der die Funktion des Wahlleiters übernahm.

Gewählt wurde als Kandidat für die Funktion als Ortsvorsteher der derzeitige Amtsinhaber Heinz-Peter Hammer. Es wurden des Weiteren folgende Kandidaten für die Stadtratsliste nominiert: 1. Heinz-Peter Hammer; 2. Michael Schäfer; 3. Detlef Lempio. Als Überraschungsgast präsentierte der Vorsitzende den anwesenden Mitgliedern als letzten Tagesordnungspunkt den Kandidaten des Kreises Ahrweiler für das Bundestagsmandat, Tino Hackenbruch aus dem Brohltal. Geht es nach dem Willen der Christdemokraten aus dem Kreisverband, soll er die Nachfolge von Wilhelm-Josef Sebastian im Berliner Parlament antreten. Am 4. November tritt er bei der Delegiertenversammlung des Wahlkreises 199 gegen Mechthild Heil aus Andernach an. Mit sehr persönlichen Worten stellte Tino Hackenbruch sich und seinen beruflichen Werdegang vor. In der Rede stellte er seine politischen Positionen vor, die er als Abgeordneter vertreten will. Mit viel Beifall wurde sein Vortrag begleitet. Anschließend stellte er sich den Fragen der Mitglieder.

Quelle: Rhein-Zeitung vom 16.10.2008

Sechs von sieben Kreuzen stehen
Kripper Verein plant Prozession nach Komplettierung des Bittwegs

Nur noch ein steinernes Kreuz fehlt, aber bald soll der Bittweg in Kripp, auch genannt die "Sieben Kniefälle", wieder komplett sein. So will es der Bürger- und Heimatverein Kripp.
Einige Vereinsmitglieder und der Vorsitzende Harry Sander haben unter Mithilfe der Firma Natursteine Divo aus Remagen das sechste von einst sieben Bittkreuzen im Sandweg wieder aufgestellt. Dazu musste nach Angaben des Vereins zuerst ein kräftiges Fundament erstellt werden. Die Schlosserei Gieraths aus Remagen bog aus Monier-Eisen einen stabilen Drahtkorb, und die Vereinsmitglieder Rudolf Fuchs, Arno Matuszak und Johannes Laux erstellten zusammen mit dem Vorsitzenden das Beton-Fundament.
Der Dank des Vereins gilt der Familie Haenscheid, die dem Verein das sechste Kreuz spendete, sowie der Familie Christa und Johannes Laux, die den Standort für das Kreuz bereit stellte und zugesagt habe, das Kreuz mit einer Rosenranke zu verschönern. An den einzelnen Stationen auf dem Bittweg haben früher Pilger für eine gute Ernte oder für einen kranken Mitbürger gebetet. Der Bürger- und Heimatverein will die sieben Kreuze am Bittweg in nächster Zeit vervollständigen. Wegen der Pflege ist es der Wunsch des Vereins, das ein oder andere bestehende marode Holzkreuz durch ein Steinkreuz zu ersetzen.

Wenn das siebte Kreuz des Bittwegs steht, soll er mit einer Bittprozession eingeweiht und wieder aktiv gemacht werden. sim

Quelle: Bonner General-Anzeiger, 25.10.2008, S. 19

Container begräbt Verletzten unter sich
Bei ihrer Übung in Kripp arbeiten die Feuerwehrleute unter erschwerten Bedingungen
Blaulichter zuckten gestern Abend über die Voßstraße in Kripp. Vor dem Einrichtungszentrum Ockenfels fuhren die Einsatzwagen der Kripper Feuerwehr

Großalarm, doch zum Glück nur für die Jahresabschlussübung der Feuerwehr.Bereits im Vorfeld der Übung hatte Ingo Wolf, Chef der Kripper Blauröcke, gemeinsam mit seinem Stellvertreter Achim Geil und Olaf Brohl ein Szenario erarbeitet, dass mit einer Vielzahl an "Überraschungen" auf die Einsatzkräfte wartete. Im Keller der Möbelausstellung wurde ein Großbrand angenommen, der das komplette Treppenhaus sowie einen Großteil der oberen Ausstellungsetage unter Rauch und Qualm gesetzt hatte. In das ebenfalls verqualmte Obergeschoss hatten sich mehrere Personen zurück gezogen, die von den Helfern unter schwerem Atemschutz mittels Drehleiter von der Dachterrasse geret-tet werden mussten. Zudem ordnete Einsatzleiter Michael Zimmermann die Durchsuchung der Ausstellungsräume nach weiteren Vermissten an.Zum Einsatz gegen die vermeintlichen Flammen wurden die Feuerwehrleute vor ein weiteres Problem gestellt. Nach kurzer Zeit zeigte sich nämlich, dass die Löschwasserversorgung über die Hydranten nicht ausreichend war, so dass mittels Pumpschlauchleitungen der in einigen Hundert Metern entfernt gelegene See der Kiesgrube der Tiefbaufirma Wahl angezapft werden musste.
"Bei der Übung geht es zum einen darum, einen Großeinsatz unter erschwerten Bedingungen zu absolvieren. Zum anderen soll auch das Zusammenspiel der Einheiten aus den Stadtgebieten noch weiter verbessert werden", erklärte Ingo Wolf, dem auch die Aufgabe des Übungsbeobachters zuteil wurde. Mit aufmerksamen Blicken verfolgte er aus einiger Entfernung den Einsatz der rund 30 Helfer aus Remagen sowie der gut 20 Einsatzkräfte aus Kripp.
In einem weiteren Teil der Großübung wurde die Evakuierung einer größeren Personengruppe aus dem weitläufigen Gebäudekomplex der Brüder Arno und Peter Ockenfels geübt. Beim Herausführen der vom Feuer Eingeschlossenen stürzte laut Übungsszenario eine Person mit einem Rollcontainer von der gut ein Meter hohen Verladerampe und wurde unter der schweren Last eingeklemmt. Erst durch den Einsatz eines Hebekissens konnte der Container zunächst angehoben und sodann der Verletzte befreit werden.
Zufriedene Gesichter gab es gestern Abend aber nach Abschluss der Übung nicht nur in den Reihen der Feuerwehr. Denn auch Peter Ockenfels, einer der beiden Geschäfts-führer des Einrichtungszentrums, hatte aufmerksam den vermeintlichen Einsatz rund um die Firmengebäude beobachtet.

"Wir haben zwar eine Brandschutzanlage in unseren Gebäuden, aber trotzdem ist es gut zu sehen, wie schnell die Einsatzkräfte im Ernstfall eingreifen und somit auch größeren Schaden verhindern können", machte Ockenfels deutlich.
Andreas Wetzlar.

Quelle: Bonner General-Anzeiger, 29.10.2008, S. 15

Ein Schild für Kripp

Der Bürger- und Heimatverein Kripp hat am Ortseingang Quellenstraße, vom Kreisel kommend hinter dem Ortseingangsschild, unter Mithilfe des städtischen Bauhofs Remagen ein neues Schild errichtet. Dieses zeigt das Ortslogo von Kripp mit der Aufschrift: "Alter Treidelort 1705". Es soll den nach Kripp kommenden Gästen und auch den Bürgern des Ortes verdeutlichen, dass dort früher eine Treidelstation betrieben wurde und der Ort daher auch den Namen Kripp von den damaligen Pferdekrippen herrührend trägt.
Nach dem der Ortsbeirat für den Entwurf des Vereins grünes Licht gegeben hatte, wurde das Schild von den Mitgliedern Jochem Rüth, Wilfried Schwarz, Theo Verdegen und dessen Vorsitzenden Harry Sander hergestellt und gestaltet. wtz
Quelle: Bonner General-Anzeiger, 05.11.2008, S. 19

Ungewissheit hat ein Ende
Pfarrerin Elisabeth Reuter-Dymke wird offiziell in ihr neues Amt eingeführt

Anfang Dezember trat Elisabeth Reuter-Dymke die Nachfolge von Udo Grub als evangelische Pfarrerin von Remagen und Kripp an. Mit einem Gottesdienst in der Friedenskirche wird sie am kommenden Sonntag, 14. Dezember, offiziell in ihr Amt eingeführt.

Seit zehn Jahren ist sie schon durch ihre seelsorgerliche Arbeit in den hiesigen Seniorenheimen bekannt. Anfang Dezember hat Elisabeth Reuter-Dymke ihre Stelle als neue Pfarrerin in der evangelischen Kirchengemeinde Remagen-Kripp angetreten und damit auch die Nachfolge von Udo Grub. Die Rhein-Zeitung unterhielt sich mit der Mutter dreier Kinder über ihren Werdegang und ihren künftigen Aufgabenbereich.

Im Sommer dieses Jahres wurde mit dem Abschied von Udo Grub die Stelle des evangelischen Pfarrers frei. Da in turnusmäßigem Wechsel diesmal die Landeskirche das Besetzungsrecht hatte, standen schließlich sieben Bewerber zur Auswahl, die aus dem Wartestand wieder "reaktiviert" werden sollten. Schließlich entschied man sich nach einer Prüfung und einer Probepredigt in der Friedenskirche für Elisabeth Reuter-Dymke. Mit ihrem Amtsantritt geht für Elisabeth Reuter-Dymke eine lange Zeit der Ungewissheit zu Ende. Ihr Werdegang war nicht so geradlinig wie bei manchen Kollegen. Sie hatte einige familiäre Prüfungen zu bestehen. So trat sie vor rund zwanzig Jahren nach ihrer Vikariats- und Hilfspredigerzeit in Neuwied-Niederbieber die Pfarrstelle in Oberwinter an, teilte diese nach einem guten Jahr mit ihrem Mann, der diese dann nach der Geburt ihres dritten Kindes komplett übernahm. Ihr Sohn Lukas kam behindert zur Welt kam, und sie wollte sich ganz ihm widmen. Da sie laut Auflagen der Landeskirche daraufhin nur noch Anspruch auf eine halbe Stelle hatte, arbeitete die mittlerweile alleinerziehende Mutter als Seelsorgerin in der Curanum-Residenz, im Seniorenheim Maranatha, in der Ahrpark-Residenz und im Franziskushaus.

"Die Arbeit mit den alten Leuten hat mir so viel Freude gemacht - da kam soviel Dankbarkeit rüber", erzählt sie. Sie habe sogar bei den Gottesdiensten dort in Ermangelung eines Organisten ihr früher verhasstes Akkordeon wieder ausgepackt. Selbst das habe ihr auf einmal richtig Spaß gemacht. "Jetzt habe ich richtig Lust auf die Vielfalt in der Gemeinde, ich habe das Gefühl, endlich angekommen zu sein", strahlt sie. Und die ersten Tage ihrer Amtszeit waren schon entsprechend ausgefüllt.
Seelsorgerliche Gespräche - auf die sie ihren Schwerpunkt legen möchte -, Beerdigungen, Taufen und Hochzeiten. Aber auch die Durchführung der Seniorenfeier, die Vorbereitung der Weihnachtsgottesdienste samt Krippenspiel oder die Kontaktaufnahme zu den einzelnen Gruppen innerhalb der Kirchengemeinde (Frauenhilfe, Konfirmanden, Eine-Welt-Laden) sind ihr wichtig. Jetzt geht es allerdings noch darum, eine genaue Dienstanweisung zu formulieren, da es sich bei der Arbeit nur um eine Dreiviertelstelle handelt. So ist die Seelsorge in den Altenheimen nun nur noch ein Teil der Gemeindearbeit. Durch großes Engagement des Besuchsdienstes konnte erreicht werden, dass es für jedes Haus Menschen gibt, die die Brücke zur Kirchengemeinde herstellen. Auch Gottesdienste werden dort weiter gefeiert. "Auch die Studenten-Seelsorge am Rhein-Ahr-Campus und die Notfall-Seelsorge kann ich nicht übernehmen", schränkt die in Sinzig lebende 49-Jährige ein. Offen ist ebenfalls, was mit den kircheneigenen Immobilien in Remagen geschieht.
Der Verkauf des Gemeindehauses steht nach wie vor zur Diskussion; ebenso eine eventuelle Nutzung des ehemaligen Pfarrhauses hinter der Friedenskirche als Gemeindezentrum. "Ich hoffe, dass wir ein schönes Versammlungszentrum bekommen", sagt sie. In Kürze wird sie eine Sprechstunde im evangelischen Gemeindehaus anbieten; die genauen Zeiten sind derzeit aber noch unklar. Am kommenden Sonntag, 14. Dezember, wird die neue Pfarrerin um 15 Uhr mit einem Gottesdienst in der Friedenskirche offiziell eingeführt. Im Anschluss besteht im Kripper Martin-Luther-Zentrum Gelegenheit, sie willkommen zu heißen. (jus)

Quelle: Rhein-Zeitung vom 12.12.2008

Erster Kripper Weihnachtsmarkt am vierten Advent
Das Kripper Organisationsteam ist mit der Premiere sehr zufrieden
Erlös wird gutem Zweck gespendet.

Der Geruch von Reibekuchen und Glühwein liegt in der Luft. Plätzchen, Weihnachtsdekoration, Holzschnitzereien und Schmuck werden in den kleinen Holzbuden angeboten, die rund um den festlich geschmückten Weihnachtsbaum auf dem Kripper

Dorfplatz stehen. Ein Nikolaus unterhält Kinder mit spannenden Weihnachts-
geschichten.Gemütliche Weihnachtsmarktatmosphäre herrschte gestern in Kripp. Das
besondere: Es handelte sich dabei um den ersten Kripper Weihnachtsmarkt überhaupt.
Die Idee dazu kam von den Bürgern selbst. "Wir haben den Vorschlag dann im
Ortsbeirat sofort aufgegriffen", sagte Ortsvorsteher Heinz-Peter Hammer. Es wurde ein
Organisationsteam ins Leben gerufen. "Anfang des Jahres haben wir mit den Planungen
begonnen", so Hammer. Probeweise sollte der Weihnachtsmarkt erst einmal nur an
einem Sonntag im Dezember stattfinden.Das Ergebnis der Arbeit des 14-köpfigen
Organisationsteams konnte sich sehen lassen und war ein Beweis für die gute Gemein-
schaftsleistung der Kripper. "Vor allem die Junggesellen haben uns sehr geholfen", so
Hammer. Kindergärten, Messdiener und die Frauengemeinschaft unterstützten den
Markt ebenfalls. Acht Holzbuden und mehrere Essensstände luden gestern nun zum
Bummeln und Verweilen ein. Die Kripper wollen damit aber nicht in Konkurrenz mit
den großen Weihnachtsmärkten treten. Bei ihnen steht nicht der Kommerz im
Vordergrund, denn der Erlös des Marktes wird einem guten Zweck gespendet.
Ob der Weihnachtsmarkt dann auch fortgesetzt wird, wird sich im Januar entscheiden.
"Wir müssen erst sehen, ob das finanziell möglich ist", so Hammer. Gedanklich seien
die Organisatoren aber schon bei den Vorbereitungen für das nächste Jahr.
Dorothee Schrötler.

Quelle: Bonner General-Anzeiger, 22.12.2008, S. 11

Der Autor Horst Krebs wurde 1950 in Kripp am Rhein geboren. Bezeichnenderweise pünktlich auf der Kripper Kirmes während des Bürgerlichen Frühschoppens.

1974 hat er sein Dorf verlassen, seine Fußabdrücke finden sich überall auf dieser Erde. Er war Jahrzehnte in der Weltraumforschung tätig bei der Europeanne Space Agency (ESA) die letzten 25 Jahre bei der Societe Europeenne des Satellites in Luxemburg.

Für seine europäische Leistung der Integration Luxemburgs als internationaler Weltraumpartner wurde ihm im Jahre 2010 das Verdienstkreuz am Bande durch Großherzog Henri verliehen.

Einmal Kripper, immer Kripper.
Das ist für ihn ein wichtiges Lebenselement geblieben.

„Nicht da ist man daheim, wo man seinen Wohnsitz hat, sondern wo man verstanden wird."
(*Christian Morgenstern (1871-1914),deutscher Lyriker*)

Vom gleichen Autor erschienen:

Vom gleichen Autor erschienen:

„Die Fähren von Kripp"	ISBN-13: 9783750485839	172 Seiten
„….. immer wieder Kripp"	ISBN-13: 9783752895346	360 Seiten
„Kröömsche uss Kripp"	ISBN-13: 9783752622812	516 Seiten

Herausgeber der „Kripper Schriften"